Wilfried Hilgert
Mores, Zores un Maschores

W0188606

Wilfried Hilgert

Mores Zores un Maschores

Jiddisch – Hebräisch

in unserer
Mundart

Illustrationen
von Ehrhard Hütz

1. Auflage Juni 1993

Hilgert Verlag, Schmitt-Horr-Straße 10
55457 Horrweiler, Telefon (0 67 27) 83 12
Telefax (0 67 27) 12 58

Gesamtherstellung: Grolsheimer Verlagsanstalt

ISBN 3-9803150-4-5

INHALTSVERZEICHNIS   Seite

Vorwort

Das „Fremde" im Wortschatz unserer Mundart schwindet. Die — scheinbar — unerklärlichen Ausdrücke unserer Vorfahren gehen verloren. Dabei hat jedes Wort seine Geschichte, bewahrt jedes Wort unsere Geschichte, vielsagend und erklärungsbedürftig zugleich.

Als ich mit WULEEWU KARDOFFELSUPP 1990 den Versuch wagte, das Französische in der Mundart in einer bisher nicht dagewesenen Art darzustellen, war der Appetit darauf so groß, daß heute, nach zweieinhalb Jahren, bereits über 18.000 Exemplare ihre Leser fanden. Auch das Nachfolgebändchen NACHSCHLAG KARDOFFELSUPP erlebte in kürzester Zeit eine mehrtausendfache Nachfrage.

Bei der Suche nach den Quellen unserer mundartlichen Muttersprache stellte ich fest, daß nach dem Französischen nichts so sehr auf unser Dialekt eingewirkt hat wie das Jiddische. Eigentlich erstaunlich, wie wenig wir uns dieses Sprachgutes bewußt sind. Den Wurzeln jener Wörter nachzugehen und ihren Ursprung aufzuspüren, war für mich etwas so Fesselndes, daß ich diesen bedeutenden Wortschatz ebenfalls heben und aufzeigen wollte.
Wann, wenn nicht jetzt! Wo es noch die letzten Gewährsleute gibt, welche sich im Kontakt mit jüdischen Mitbürgern vieler dieser heute nicht mehr geläufigen Ausdrücke bedienten.

Quellen

Am Beginn meiner Arbeit standen viele Fragezeichen. Über eine nicht mehr existierende Sprache – 12 Millionen Juden sprachen sie – ist nicht viel zu erfahren. Unterschiedliche Schreibweisen bei den spärlichen Veröffentlichungen und teilweise voneinander abweichende Herkunftsangaben erleichterten mir das Vorhaben nicht. Von Informanten mitgeteilte Wörter waren teilweise nirgends nachzuschlagen und bedurften der Erklärung.

Da hatte ich das Glück, daß der Sprachwissenschaftler Dr. Rudolf Post just zu dieser Zeit den Aufsatz „Jüdisches Sprachgut in den pfälzischen und südhessischen Mundarten" (Rheinhessen einbezogen), veröffentlichte. War schon sein Buch „RUDOLF POST: Pfälzisch, Einführung in eine Sprachlandschaft" ein guter Wegweiser, so fand ich nun genau das Gesuchte.

Herr Dr. Post ist Bearbeiter des Pfälzischen Wörterbuches. Er hat in seinem Aufsatz (Quellenangabe im Anhang) das verstreut gesammelte und teilweise publizierte Material vereint. Es handelt sich dabei um eine umfassende und wegweisende Studie des Jiddischen in der Pfalz, Rheinhessen und Südhessen mit Frankfurt. Diese Arbeit nutzen zu dürfen, hat meine erst zu dem gemacht, was ich mir als Ziel gesetzt hatte: in größtmöglicher Vollständigkeit den gesamten Wortschatz des Jiddischen und Hebräischen, wie er in unserem Raum in Gebrauch war und ist, in aufklärend unterhaltsamen Versen aufzuzeigen.

Herr Dr. Post war mir darüber hinaus jederzeit bei der Beantwortung von Fragen behilflich und hat mein Vorhaben wissenschaftlich aufs Beste unterstützt. Viele Herkunftsangaben in anderen Wörterbüchern, welche ich ihm zur Überprüfung vorlegte, wurden von ihm nicht bestätigt, so daß sie keinen Eingang in dieses Bändchen fanden. Fragliche oder umstrittene Entlehnungen haben entsprechende Hinweise.

Die mir durch Informanten genannten Wörter, welche bisher noch unveröffentlicht waren, konnte er zum großen Teil erklären. Für dies alles darf ich mich bei ihm auf das Herzlichste bedanken! Als er meinem ersten Entwurf „einen guten Eindruck" bescheinigte, wobei er die „treffenden Vierzeiler auch für einen weiteren Leserkreis interessant" hielt, sah ich mich in meinem Wagnis für dieses Vorhaben bestätigt.

Mündliche Gewährsleute waren, soweit es die Suche nach weniger Geläufigem betraf, rar. Um so hochkarätiger erwies sich „mein Mann vor Ort", Herr Walter Hessert aus Horrweiler. Er entpuppte sich als intimer Kenner sowohl des Jiddischen wie auch jüdischer Verhaltensweisen. Hatte er doch als ehemaliger Metzger einst regen Kontakt mit Juden gehabt. Zwischen Hochachtung (vor ihrer Weisheit) und Schmunzeln (über geschäftliche Gepflogenheiten), wußte er mir viel zu erzählen. Für seinen wertvollen Beitrag darf ich mich bei ihm ebenfalls sehr herzlich bedanken.

Ein großes Dankeschön geht auch nach Mommen-
heim (bei Mainz), von wo mir Frau Margot Schäufle
wichtige Informationen lieferte. Warum die dorti-
gen Einwohner früher die „Hebräer" genannt wur-
den und ihr Ortsneckname „Kaduschenum" war, er-
fährt man im „Städtequiz" dieses Büchleins.
Auch allen hier nicht genannten Personen, die mich
unterstützten und mir weiterhalfen, sei vielmals ge-
dankt. Nichts war für mich selbstverständlich. Um
so mehr habe ich mich darüber gefreut. Und Freude
ist die Voraussetzung bei solch einer Arbeit. Denn
Arbeit ist es allemal – aber eine lustvolle, sonst hätte
ich mich nicht hineingestürzt.
„Ran an den Spaß!" schrieb mir der Frankfurter Au-
toren- und Verlegerkollege H. P. Müller, nachdem
er von meinen Plänen zu diesem Buch durch mich
erfuhr – und schickte mir, zu meiner Überraschung,
einfach so, einen dicken Umschlag mit dem von ihm
zu diesem Thema Gesammelten. Ihm mache es
Freude, anderen eine Freude zu machen.

Zur Sprachgeschichte

Es gibt Hinweise (Münzfunde), die darauf hindeu-
ten, daß schon in der Römerzeit jüdische Handels-
kolonien, z. B. in Mainz, existierten. Einen eindeuti-
gen Nachweis für die Anwesenheit jüdischer Ein-
wohner gibt es nur in Köln durch ein Schreiben Kai-
ser Konstantins aus dem Jahre 321. Aus damaliger
Zeit sind keine Wörter aus der Sprache der Juden in
die benachbarten germanischen oder keltischen

Sprachen eingeflossen. Die meisten jiddischen Wörter sind erst in den letzten drei Jahrhunderten in unsere Mundart übernommen worden.

Aus den beiden erwähnten Veröffentlichungen von RUDOLF POST erlaube ich mir auszugsweise zu zitieren: Die im 10. Jahrhundert in den Städten am Rhein nachweisbaren Judengemeinden sind durch allmähliche Einwanderung und Ansiedlung von Juden aus dem Romanischen, besonders aus Frankreich, aber wohl auch aus Italien und der iberischen Halbinsel, entstanden. Das Gebiet zwischen Speyer, Worms und Mainz zählt zu den Zentren des früh- und hochmittelalterlichen Judentums auf deutschem Boden. Die Bedeutung dieses Raumes für die Judenheit Mitteleuropas wurde zwar durch die massiven Verfolgungen und Vertreibungen des Mittelalters und der frühen Neuzeit gemindert, doch gab es in diesem Raum bis in die erste Hälfte unseres Jahrhunderts immer wieder ausgeprägte Zentren jüdischen Lebens. Das jahrhundertelange Zusammen- oder auch nur Nebeneinanderleben der jüdischen Minderheit und der christlichen Mehrheit der Bevölkerung in diesem Raum hat dabei immer wieder zu sprachlichen Beeinflussungen beider Gruppe untereinander geführt.

Die anfangs romanischsprachigen Juden nahmen in Deutschland die Sprache ihrer Umgebung an, behielten aber in ihrem Wortschatz, besonders in den Bereichen jüdischer Religion und jüdischen Brauchtums manches romanische Wort sowie Wörter aus dem Hebräischen ihrer religiösen Schriften.

Das bisher älteste Sprachdenkmal, das belegt, daß die Juden des Mittelalters nicht mehr romanisch, sondern Mittelhochdeutsch sprachen, ist ein Verspaar im Wormser Machsor (Gebetbuch für sämtliche Festtage der Juden) von 1272/73.

Die kulturell zentrale Stellung, welche die Schumstädte[1] (Worms, Mainz und Speyer) im Mittelalter innehatten, verlagerte sich im 16. Jahrhundert in den Frankfurter Raum, der offensichtlich auch auf das Judentum in Rheinhessen und der Pfalz Einfluß gewann. Mit den Umschichtungen, die infolge der Pogrome und Ausweisungen des ausgehenden Mittelalters in den Judengemeinden stattfanden, ist auch eine Herausbildung einer eigenständigeren Sprache der Juden zu rechnen. Spätestens nach 1500 kann man von einem eigenständigen Jiddisch sprechen, das sich von der Sprache der umgebenden Bevölkerung deutlich abhebt, jedoch in unserem Raum viele Eigenheiten mit den rheinfränkischen Dialekten gemein hat. Die Hauptmasse bei der Übernahme in die rheinfränkischen Mundarten sind Lehnwörter aus der hebräischen Komponente, die teils durch unmittelbaren Kontakt mit der jüdischen Bevölkerung, teils auf verschlungenen Wegen über Händler-, Gauner-, oder Umgangssprachen dort Eingang gefunden haben.

1) Erklärung: auf Seite 38 „beschummele" sowie Seite 82 „Schummeler"

Etymologie (Wissenschaft von der Herkunft und Geschichte der Wörter und ihrer Bedeutungen)

Der Veröffentlichung von RUDOLF POST entnommen: Die Abkürzung „jidd." nimmt auf eine Variante des Jiddischen Bezug, wie sie als Ausgangsform für unsere rheinfränkischen Entlehnungen vorauszusetzen ist (meist zentralwestjiddisch). Die Anknüpfung an das Hebräische („hebr."), die in der Regel folgt, hält sich in Schreibweise und Terminologie (Wissenschaft vom Aufbau eines Fachwortschatzes) an die Gepflogenheiten des Wörterbuches von ERICH BISCHOFF (4. Auflage 1916). Die Umschrift realisiert weitgehend die sephardische Aussprache[1] und ermöglicht in der Regel das Auffinden des Wortes in einem hebräischen Wörterbuch. Die Abkürzung „rabbin." bezieht sich auf Wörter und Wortformen wie sie erst in der nachbiblischen (rabbinischen) Tradition belegt sind.

Illustrationen

Der in Rheinhessen herumradelnde und seine Heimat zeichnende Ehrhard Hütz ist, wie der Autor, „Rhoihess". Er hat mit dem Zeichenstift die Linie gefunden, welche dem Besucher den Text auf eine eigene humorvolle Weise näherbringt. Wer, wie er, Land und Leute kennt, dem scheint die Feder wie von selbst geführt zu werden . . .

---

1) Sprache der portugiesisch-spanischen Juden, also nicht die askenasische

12

Schlußbemerkung

Natürlich habe ich mir mehr als einmal die Frage gestellt, ob ich mich auf die Veröffentlichung allgemein geläufiger Wörter beschränken soll, wie sie im ersten Kapitel „Jiddisch – Hebräisch in aller Munde" zusammengefaßt sind. Wohl hätte dies die Zahl der eher flüchtigen Leser erhöht, aber mich ebensowenig zufriedenzustellen vermocht wie jene Leserschaft, die um der Historie willen eine vollständige Sammlung erwartet.

Die von mir aufgeführten Wörter sind sämtlich in unserer Mundart belegt. Das schließt nicht aus, daß Wörter wie „meschugge, beschummeln, mauscheln, mies" und andere auch in der Umgangssprache geläufig sind. Einige sind aus der Mundart dorthin gelangt, andere gingen den umgekehrten Weg.

Aussprache sowie Bedeutung vieler Wörter sind nicht nur von Gebiet zu Gebiet verschieden, sondern oft sogar von Ort zu Ort – typisch für die Mundart. Ich habe mich auf die gebräuchlichsten Ausdrücke beschränkt. Bei der Schreibweise gab ich der leichteren Lesbarkeit den Vorzug. Da es d i e rheinhessische Mundart nicht gibt, habe ich einen Kompromiß gesucht – ohne Abstriche an der mundartlichen Ausdrucksweise.

Die mit Alltagsleben gewürzten Verse mögen darüber hinaus aufzeigen, wie auch die nicht mehr geläufigen Begriffe einmal benutzt wurden.

Wilfried Hilgert

Tausend Jahre

Es spie'elt sich e Stick Geschichde
in manchem fremme alde Wort;
aach wann sich stumm die Reihe lichde,
lebt doch noch manches bei uns fort.

Vum Jiddisch is schun veel verlor gang,
wo em Hebräische entsprung,
der biblisch Sprach, die dausend Johr lang
in unser Mundart ingedrung.

Wer dut was vun dem Ursprung ahne,
vun all de Ausdrick, wo's mol gebb?
Was han devun noch unser Ahne
gewuscht, un was is heit noch blebb?

Jiddisch — Hebräisch in aller Munde

Met was gehts los? Met **Pinke-Pinke!**
For **lo,** umsunscht, kriet mer nix groß;
un außerdem dut **Kies** net stinke,
jo, es is ohne **Moos** nix los!

Pinke-Pinke — Geld
neuhebräisch *pincha, pinach* — Geldbüchse, Geld

lo — nichts, umsonst, gering
jidd. *lo, lau* — nicht, nichts; hebr. *lô*

Kies — Geld; auch: „Kiss" = Kasse, Geldbeutel
jidd., hebr. *kis* — Beutel, Sack

Moos — Geld
jidd. *moes, moos* — Geld, Kleingeld

> Reim:
> „Kaa Leechem im Bajes,
> kaa Mees un kaa Kiss,
> die Goije is baddersch,
> de Dalles gewiß."
>
> Kein Brot im Haus,
> kein Geld und kein Geldbeutel,
> die Frau ist schwanger,
> die Armut gewiß.

Will mer mem **Mees** de **Meckes** mache,
wo mer de **Rewwach** abgescheppt,
kaaft mer kaum **Tinnef** un so Sache,
sunscht werd mer als ganz schee **geneppt.**

Mees — Geld
jidd. *mees, mojes, moos* — Geld

Meckes — „de Meckes mache" heißt Possen
    machen; Herkunft unsicher, die eigentliche
    Bedeutung von „Meckes" ist Geld
jidd. *meches* — Abgabe, Zoll; hebr. *mäkäs*

Rewwach — Profit, Gewinn, Reibach
jidd. *rebbach, rewach* — Gewinn, Nutzen

Tinnef — minderwertige Ware, der letzte Dreck
jidd. *tinef* — Unrat, Dreck; rabbin. *tinnûph*

neppe — für etwas von jemandem einen
    ungewöhnlich hohen Preis verlangen
hebr. *na'ap* — ehebrechen

Schnell dut es Geld do **bleede** gehe,
werd wie de **Binnes** mer gemacht;
e scheene **Emmes,** wehe, wehe,
's werd **zappeduschder,** gude Nacht!

bleede — fort, weg, verschwunden; „mach dich
    bleede!" heißt verschwinde!
    (siehe auch Seite 43 „fleede gehe")
jidd. *plete* — fort; hebr. *p'lêtâh* — das Entrinnen

Binnes — Wichtigtuer, Spaßmacher, törichter
    Mensch; „gemacht werden wie de Binnes"
    bedeutet betrogen werden
jidd. *pinnes* — Narr, dies zu *pinnos* — Haupt,
    Anführer

Emmes — das Wahre, der Kern einer Sache usw.;
    der Ausruf „e scheene Emmes!" besagt, daß
    etwas sehr Unangenehmes geschehen ist
jidd. *emmes* — wahr, Wahrheit; hebr. *ämeth*

zappeduschder — stockdunkel; zu Zapfen =
    Wirtshaus unter Einwirkung von
jidd. *zophon* — Dunkelheit, Mitternacht

Die Bank springt ab bei so veel **Miese**,
sie is die ganze **Pleide** satt.
Was macht e **Gauner** do, e fiese?
Er macht die Fladder, **butzt** die **Platt**.

Miese — Fehlbetrag, Defizit; ebenfalls
    unerwünscht sind „Miesmacher" und
    „Miesepeter"
jidd. *mis* — ekelhaft, garstig, schlecht

Pleide — Bankrott; „Pleitegeier" scheint
    umgedeutet aus der jidd. Aussprache „-geier"
    für „-geher"
jidd. *plete* — fort, hebr. *p'lêtâh* — das Entrinnen

Gauner — Betrüger
jidd. *jone* — Betrüger; in deutsch-jiddischer
    Aussprache „jaune"; hebr. *yawan* — Griechen-
    land

Platt butze — abhauen
jidd. *plete* siehe oben +
jidd. *puz* — sich zerstreuen; Herkunft
    etymologisch unsicher

Ganz **stikem** dut er jetzt verschwinne,
verschachert schnell noch, was er hot,
macht met de **Sore** noch Gewinne,
verkimmelt alles, daß es fort.

stikem — still, schweigsam, heimlich
jidd. *schtike* — Schweigen; rabbin. *sch'thîkâh*

verschachere — feilschend verkaufen,
    verschleudern; „schacherich" = habgierig
jidd. *schachern* — handeln; hebr. *sâcha'r* — Gewinn,
    Erwerb

Sore — Diebesgut
jidd. *sechore* — Ware, hebr. *ß'chôrâh*

verkimmele — wie auch immer verkaufen;
    Ableitung zu
jidd. *kinjen* — kaufen; rabbin. *kinjân* — Erkauftes

Wo **Bard'l** de **Moscht** holt, will merm zeiche,
die griene **Minna** fährt em noh;
der **Schode** läßt sich net erweiche,
steif wie e **Eelgetz** hockt er do.

Wo **Bardel** de **Moscht** holt — wo Barthel den Most
holt? Bestimmt nicht in den Kellern unserer
Winzer, denn es geht nicht um einen guten
Tropfen, was ratsamer wäre! Heute eine
Drohung, um jemandem klar zu machen, wer
Herr im Hause ist
jidd. *barsel* — Eisen +
jidd. *moos* — Geld; in der ursprünglichen Sprache
der Gauner bedeutete die Redewendung: Wo
man mit dem „barsel" = Brecheisen an „moos"
= Geld kommt.

griene **Minna** — Polizeiwagen zum Gefangenen-
transport
jidd. *meane* — bedrängend; im Rotwelsch, der Gau-
nersprache war alles was grün war wie grüner
August, grüner Heinrich, grüne Minna usw.
den Halunken nicht grün, also nicht geheuer

Schode — einfältiger, aber auch übler Kerl
jidd. *schote* — dummer, einfältiger Mensch, Tor;
hebr. *schôtäh*

Eelgetz — in der Redewendung: dasitzen wie
ein Ölgötze
jidd. *ol joez* — hoher Rat; also: er sitzt steif da wie
ein hoher Rat; Herkunft nicht absolut sicher

Ganove, die wo liewer klaue,
die hannere wo **Schmeer** gestann
un, **ausgekoochemd,** so ganz Schlaue,
die alles **ausbaldowert** han.

Ganove − einer, den man kaum zum
    Schwiegersohn haben möchte
jidd. *ganef* − Dieb

Schmeer − Wache (bei Diebereien); besser kurz
    Schmiere stehen, als lange sitzen
jidd. *schmiere* − Wache; hebr. *sch'mîrâh,*
    von *schâma'r* − hüten, bewachen

ausgekoochemt − schlau, „ausgekocht" − auch
    auf dieses Wort hat das Jiddische eingewirkt
jidd. *chochem* − klug, weise; hebr. *chacham*

ausbaldowere − auskundschaften, wo was zu
    holen ist
jidd. *bal dower* − kundig, sachverständig;
    hebr. *ba'al dâbâr*

Doch werd en mol die Tur **vermasselt,**
un lande se am Enn im **Knascht,**
weil so e **Schleemil** jo gequasselt,
gibts dort e **Kluft,** wo jedem bascht.

vermassele — gründlich den Spaß an was
    verderben
jidd. *massel* — Stern, Glückstern, Glück;
    hebr. *massâl*

Knascht — Knast, Gefängnisstrafe
jidd. *knass* — Geldstrafe; rabbin. *k'naß*

Schleemil — zumeist durchtriebener, aber doch
    gutmütiger Kerl
jidd. *schlemil* — Pechvogel, Dummkopf,
    Taugenichts; hebr. *schä-lô-mô'îl* — der nichts
    taugt

Kluft — spezielle Kleidung: für einen
    Knastbruder genau das Richtige
neuhebräisch *killuf* — Rinde, Schale

Zum Glick kriet kaaner mehr dort **Mackes,**
aach der, wo frech wie **Oskar** is;
wer **mosert,** kriet kaa Klepp met Schmackes
un hot vorm **Kittche** kaum noch Schiß.

Mackes Pl. — Prügel, Schläge
jidd. *makke,* Pl. *makkess* — Hiebe, Schaden,
Wunden; hebr. *makka,* Pl. *makkot*

Oskar — nur in der Redewendung: frech wie
Oskar; Ursprung ist nicht die Frechheit eines
Oskar, sondern
jidd. *ossok* — frech

mosere — nörgeln, „herummosern"
jidd. *moser* — Verräter; hebr. *môßêr*

Kittche — Gefängnis;
Wort aus der Gaunersprache, die Herkunft ist
umstritten, möglicherweise von deutsch *Kate* —
Hütte (KLUGE), vielleicht auch von folgenden
4 Ableitungen (LANDMANN):
jidd. *chet* — Angst
jidd. *kotel* — Mauer
jidd. *kissej* — Sessel, Thron, Dach
mittelhochdeutsch *Kute* — Loch

Heit dut mern die **Lewidde** lese
un treibt en die **Mengenkes** aus,
redd **Tacheles** met dene Beese —
wer **Zoff** macht, is kaum schneller drauß!

Lewidde — nur in der Redewendung: die Leviten
   lesen, das heißt jemandem gründlich Bescheid
   sagen; es bedeutete ursprünglich wohl „das
   Gesetz lesend vorhalten", nach der Vorschrift,
   daß die Leviten alle sieben Jahre das Gesetz
   vorlesen mußten. Bei den „Leviten" handelt es
   sich um Mitglieder des Stammes „Levi", einem
   Priesterstamm des Volkes Israel
hebr. *lewî;* über lateinisch *leviticus* (3. Buch Mose)
   zum hebräischen Stamm Levi

Mengenkes Pl. — komisch unverständliches Tun,
   Umstände, Ausflüchte; auch „Mengenke(l)"
   genannt; Herkunft umstritten, nach WOLF zu
jidd. *mechanne* sein — weitschweifig sein

Tacheles — Tacheles reden heißt Klartext sprechen
jidd. *tachles* — Zweck, Ziel; hebr. *taklîth* — Ende,
   Äußerstes

Zoff — Streit
jidd. *zoff* — Ende; hebr. *sôf*

Die **Masche** dut jo dort net ziehe
wie uff de **Penn,** wo mer gleich fliet!
Em wieschde **Gascht** dut do was bliehe,
falls der net vorher **Bammel** kriet.

Masche — Dreh, Kniff
jidd. *mezio* — Gewinn, Lösung

Penn — höhere Schule in der Schülersprache;
    auf der Penne zu pennen macht noch nicht
    zum Penner
jidd. *binjan* — Gebäude

Gascht — ein „wüster Gast" ist meist ein frecher
    Lausbub;
    einzige deutschsprachige Komponente des
    Jiddischen in diesem Buch; der Ausdruck,
    den der Autor in seiner Kindheit oft von seiner
    Mutter zu hören bekam, stammt nicht von
    „garstig", wie zu vermuten wäre, sondern nach
    POST von
jidd. *gast* — umherziehender Betteljude, dies aus
    dem Deutschen; ursprüngliche Bedeutung
    Gast — Fremder

Bammel — Angst; WOLFs nachfolgende
    Deutung ist nicht allgemein akzeptiert
jidd. *baal emoh* — Furchtsammer

E Schisser hot vor allem **Mores;**
wer **abnippelt,** der nimmt de Hut;
das, was die Kränk hot, is **kabores,**
es hot de **Dalles,** is kabutt.

Mores — Angst, Furcht, Respekt; man hat vor
  jemandem „Mores" oder „More"; nicht zu
  verwechseln mit „Mores lehren" von lateinisch
  mores — Sitten
jidd. *more* — Furcht; hebr. *môrâh*

abnippele — wenn einen die Kräfte verlassen
jidd. *niwel* — verwelkt (nach WOLF), oder zu
jidd. *niftern* — sterben; rabbin. *niphtâr* —
  abgeschieden, tot (nach POST
  wahrscheinlicher)

kabores — entzwei, ruiniert, tot
jidd. *kappores* — tot, entzwei; hebr. *kapparôth* —
  Sühnopfer (siehe auch Seite 61 „fitzekabores")

Dalles — Bankrott, Ruin, Krankheit; „Bruch und
  Dalles!"
jidd. *dalles* — Armut, Elend; rabbin. *dallûth,* zu
  hebr. *dal* — arm

  Redensart:
  „Moos macht sinnich, Dalles schofel" =
  Geld macht sinnig, Ruin niederträchtig

27

Net jede dut met jedem **schmuse**
un **schäkert** grad met jedem rum;
ganz annerschder hälts es **Mesusje,**
kaa alde **Socke** der zu krumm.

schmuse — mit jemandem zärtlich sein,
  schönfärberisch reden
jidd. *schmus* — Gerede, Gerücht;
  hebr. *sch'mû'ôth'* — Gehörtes

schäkere — anbändeln, necken; Weiterbildung zu
jidd. *chek* — Busen, weiblicher Schoß

Mesusje — Mädchen leichter Art; die Bezeichnung
  leitet sich ab von *mesusa,* einer Kapsel, die
  am Türpfosten angebracht ist und worin sich
  ein Bibelspruch befindet. Für fromme Juden ist
  es Sitte, beim Kommen und Verlassen des
  Hauses die Mesuse ehrfürchtig mit den Fingern
  zu berühren und diese dann an die Lippen zu
  führen. Das „Mesusje" oder die „Mesuse" ist
  ein Frauenzimmer, das am Türpfosten steht und
  sich von jedem berühren läßt.
jidd. *mesusa* — Türpfosten; möglicherweise unter
  Einwirkung von
jidd. *susa* — Stute

Socke — alte, heruntergekommene, schlechte
  Person; meist als „alder Socke" beschimpft,
  was nichts mit dem Alter der Socken zu tun hat,
  sondern
jidd. *soken* — Bejahrter, Greis; hebr. *sâkên*

Ner anner wär das net ganz **kooscher**,
doch wann de Freier gut **betucht**,
is for so manche alles **jooscher** —
bestußt is, wer do net verrucht.

kooscher — einwandfrei, in Ordnung, geheuer,
    rein (nach jüdischen Speisegesetzen)
jiid. *koscher* — tauglich; hebr. *kâschêr*

betucht — wohlhabend; besser „gut betucht",
    als ein schlechter Habenichts
jidd. *betuch* — sicher, vertrauenswert;
    hebr. *betûach*

jooscher — gut, richtig, geheuer
jidd. *joscher* — recht, richtig; hebr. *jâschâr*

bestußt — nicht ganz richtig im Kopf
jidd. *stuss* — Unsinn, Albernheit; rabbin. *sch'tûth*

Wer will sich schun **veruze** losse?
Aach es **Verkohle** mer net schätzt!
Doch werklich **schofele** Genosse
sin die, vun dene mer **verpetzt.**

veruze — necken, ärgern;
   Herkunft unsicher, möglich von
hebr. *'uz* — bedrängen; rabbin. *'azâh*

verkohle — veralbern, beschwindeln
jidd. *kol* — Stimme; hebr. *kôl*

schofel — schäbig, schlecht, niederträchtig;
   der Gipfel: „erzschofel"
jidd. *schofel* — schäbig; hebr. *schâphêl* — niedrig

verpetze — klatschen, verraten
jidd. *petzen* — verraten; hebr. *pâzâh* — den Mund
   auftun

Beliebt is, mondaachs **blau** se mache –
beim **Barras** gibt das drei Daach Bau!
Doch **Kaljes** mache, das sin Sache,
do werds im **Belzebub** noch flau.

blau – blau machen, das heißt nicht zu Arbeit
  gehen; Herkunft ungeklärt, möglich wäre, nach
  dem Motto: ohne mich!
jidd. *belo* oder *belau* – ohne, mit nichts

Barras – Militärdienst;
  seit napoleonischer Zeit, zunächst für das
  Militärbrot, dann (ähnlich wie bei Kommiß)
  auf alles Militärische ausgeweitet
jidd. *baras* – Fladenbrot

Kaljes – Intrige; besonders durch üble Nachrede
  ein Verlöbnis vereiteln (Kaljesbrief), aber auch
  einen Handel oder Vertrag hintertreiben
jidd. *kalje* machen – verderben, verpfuschen;
  zu rabbin. *chalâphôth* – Abänderungen, oder
  zu hebr. *kâlal* – gering sein, fluchen, bzw.
  hebr. kalja – Zerstörung

Belzebub – der oberste Teufel; der heutige
  Gebrauch, vor allem in der Redewendung „den
  Teufel durch Beelzebub austreiben", geht zurück
  auf Matth. 12, 24, wo die Pharisäer Jesus vor-
  werfen, er treibe die bösen Geister durch Beelze-
  bub, ihren Obersten, aus (von Jesus gleich-
  gesetzt mit „den Satan durch Satan austreiben")
hebr. *ba'al-zebûb* – eine Gottheit der Philister,
  wörtlich: Herr der Fliegen (= der bösen Geister)

E **Kaff** is hinnerm Mond e Placke,
wo mer de Fortschritt oft **verpennt;**
wer dem voraus is, hot e **Macke,**
er wär **meschugge,** werd geschennt.

Kaff — Dorf, das hinter dem Mond liegt;
 Herkunft umstritten, meist Herleitung aus
 zigeunerisch *gav* — Haus, vereinzelt wird jedoch
 Rückbildung aus „Kaffer" angenommen
jidd. *kafer* — Bauer; rabbin. *kaphrî*

verpenne — verschlafen
jidd. *pina* — Winkel
jidd. *pano* — ruhen
jidd. *pannai* — müßige Zeit

Macke — schadhafte Stelle (beim Menschen vor
 allem im Kopf)
jidd. *makke* — Hiebe, Schaden, Wunden;
 hebr. *makka*

meschugge — verrückt, geistig verwirrt; bekannter
 Ausspruch: „Meschugge is Trump!"
jidd. *meschugge* — verrückt

Wer macht schun gern wo de **Maschores**
un dut **maloche,** bis er schwitzt!
Un wer in aller Welt will **Zores,**
un daß er im **Schlamassel** sitzt!

Maschores — Knecht, Gehilfe, Diener; auch
„Tamburmaschores" usw. genannt (siehe auch
Seite 81 „Owwermaschores")
jidd. *meschores* — Knecht; hebr. *meschârêth*

maloche — (schwer) arbeiten;
jemanden „am Doches maloche" (oder
„melocheme") hat einen Sondertarif für
a. A. lecken
jidd. *meloche, maloche* — Arbeit; hebr. *mal'âchâh*

Zores — Gesindel, Pack, Schererein, Streit u. a.;
unterschiedliche Bedeutung: nach Süden hin
versteht man unter „Zores" eher Streit, sonst
Gesindel
jidd. *zore,* Pl. *zoress* — Leiden, Plage; hebr. *zârâh*

Schlamassel — Unglück, Pech u. a.;
„Jetzt hammer de Schlamassel!", eine völlig
überflüssige Bemerkung, wenn's ohnehin jeder
merkt; ein Kompositum aus deutsch
„schlimm" und „Massel" = Glück
jidd. *massel* — Stern, Glücksstern, Glück;
hebr. *massâl,* oder hebr. *schä-lô massâl,*
was „nicht Glück" ist (LANDMANN)

E scheele **Massik** is kaa Guder,
e **Kaffer** dumm wie Bohnestroh;
bergab gehts met em **Dallesbruder,**
de alde **Penner** leit schun do.

Massik — böser Mensch, störrisches Pferd
jidd., hebr. *massik* — schädlicher Dämon, Unhold

Kaffer — ungebildeter, roher Mensch, Bauer
jidd. *kafer* — Bauer; rabbin. *kaphrî*

Dallesbruder — heruntergekommener Mensch
jidd. *dalles* — Armut, Elend; rabbin *dallûth,*
    zu hebr. *dal* — arm

Penner — einer der am liebsten tagsüber auf einer
    öffentlichen Bank schläft
jidd. *pina* — Winkel
jidd. *pano* — ruhen
jidd. *pannai* — müßige Zeit

Beobachtungen des Autors:
Es liegt ein Penner auf der Bank.
Er liegt da, weil er zuviel trank.
Gleich wird er wach — und wieder trinken.
Und wieder auf die Parkbank sinken.

Wo de **Graf Rotz** als feiner Pinkel
großkotzich wie nor was sein kann,
do is de **Itzig** e doll Hinkel;
e Großmaul is de **Newwelmann.**

Graf Rotz — ironisch-abfällige Bezeichnung für
     einen, der sich aufbläst
jidd. *roson* — großer Herr, Fürst

großkotzich — widerlich aufschneidend;
     wie „Großkotz" volksetymologisch an „kotzen"
     angeschlossen
jidd. *kozen* — Vornehmer, Reicher; hebr. *kâzîn*

Itzig — Mensch mit komischen Eigenschaften
jidd. *itzig* — Isaak; hebr. *jizchak*

Newwelmann — gewaltiger Angeber;
     alles andere als nebulös seine Herkunft:
jidd. *nebel, newel* — Narr, Tor; hebr. *nâbâl*

     Reim:
     De Itzig und die Memme,
     die gehn sesame schwemme,
     do hot de Itzig e Forz geloss
     und hot die Memme kabuttgeschoß.
     Spottreim:
     De Itzig met de Elstrafieß (Elsteraugenfüße)
     der lääft uff Meenz als wie e Ries.

36

Heeschts: „Haut den **Lukas!**" saust de Hammer;
wo's zieht wie **Hechtsupp,** geht die Luft;
wem **Hals- un Beinbruch!** winsche kammer;
im **Mief** do krieht mer kaum de Duft[1].

Lukas — Jahrmarktsgerät zum Messen der Kraft;
die Redewendung „Haut den Lukas!" rührt
daher, daß auf den Rummelplätzen durch einen
Schlag mit einem großen Hammer ein Zeiger
auf der Skala hinaufschnellt; sie heißt im
Jiddischen (Pl) *luches,* woraus „Lukas" wurde
jidd. *luch, luach,* Pl. *luches* — Tafel, Tabelle,
Kalender; hebr. *lûach, lûchôth*

Hechtsupp — wenn es zieht wie Hechtsuppe, so
hat dies seine Ursache möglicherweise in
jidd. *hech supha* — wie Sturmwind

Hals- un Beinbruch! — alles Gute! Glück und
Segen!
jidd. *hazloche* — Glück +
jidd. *beroche,* Pl. *broches* — Segen; hebr. *b'râchâh*

Mief — schlechte Luft;
vermutlich Abwandlung von „muffig" o. ä.,
vielleicht unter Einfluß von „mies" (KLUGE)
jidd. *mis* — ekelhaft, garstig, schlecht

1) Den Duft kriegen heißt erfrieren; mittelhochdeutsch bedeutet „Duft" = Reif u. a.

37

Beim Kaade do werd oft **gemauert,**
so wie **gemauschelt** ab un zu,
beschummelt, was mer gleich bedauert,
wanns aaner merkt! — Un mer macht **Schmu.**

mauere — mauern, sich zurückhalten im
    Kartenspiel
jidd. *more, maure* — Furcht; hebr. *môrâh*

mauschele — jiddisch sprechen, betrügen, Karten
    spielen
jidd. *mosche, mausche* — Moses, als Übername für
    „Jude", im Sinne von „wie ein Jude sprechen"

beschummele — betrügen, mogeln, schwindeln
    zu „Schumler" = Jude aus Schum (das ist die
    Gegend zwischen Speyer, Worms, Mainz);
    „Schum" ist das Abkürzungswort aus den
    hebräischen Anfangsbuchstaben Schin=Speyer,
    Waw=Worms und Mem=Mainz

Schmu — Schwindel, leichter Betrug
jidd. *schmus* — Gerede, Gerücht; hebr. sch'mû'ôth'

Wer **Schales** oder Quellgrumbeere
in **raue** Menge glatt verdrickt,
das is bestimmt e **Achelpeere,**
weil der grad **achelt** wie verrickt.

Schales — in Fett gebackener Kuchen aus
    geriebenen Kartoffeln oder Äpfeln, Kartoffel-
    pfannkuchen, „Schalesgrumbeere" u. ä.
jidd. *schalet* — ein Sabbatgericht, Auflauf, dies
    wohl aus dem Romanischen, altfranzösisch
    chauld — heiß

raue Menge — jede Menge
    zu deutsch *rauh* (POST), oder (LANDMANN)
jidd. *raw* — viel

Achelpeere — ein „Achelpeter" ist ein „Acheler"
    = starker Esser, der einen „Achelputz" =
    wohlschmeckendes Essen, nicht verschmäht,
    weshalb es leicht zu einer „Achelerei" =
    Esserei, kommt
jidd. *achlen* — essen, *achile* —Speise;
    hebr. *âchal* — essen, *achilâh* — Speise

achele — viel und gierig essen;
    gleiche Herkunft wie „Achelpeere"

40

Dut mer im **Uschbes** ebbes trinke,
weil in de **Beiz** de Woi so gut,
gibts vun **Remisjer** rode Zinke;
is mer **beschusselt,** gehts ins Blut.

Uschbes — kleine Wirtschaft, Wirt
jidd. *oschpis* — Wirtshaus; rabbin *oschpîsa*
    dies aus lateinisch *hospitium*

Beiz — kleines, unordentliches Gasthaus,
    Spelunke
jidd. *bajis* — Haus; hebr. *bêth, bájith*

Remisje — kleines Glas Wein, halber Schoppen,
    Viertel; bei uns ist ein „Remis'chen" = 1/10 Ltr.;
    möglicherweise (so TAWROGI) zu
hebr. *rewîs* — Viertel

beschusselt — betrunken; auch: „beschosselt" sein
jidd. *schosse sein* — trinken

Losiffer, die dun kaum verdorschde,
gibts was umsunscht, statt dumme **Schmus!**
For **Nassauer** derfs aach nix koschde,
bezahle halle die for **Stuß.**

Losiffer — wer umsonst trinkt: am liebsten
    „Lowoi" = Wein, der spendiert wird
jidd. *lo, lau* — nicht, nichts; hebr. *lô*

Schmus — dummes Zeug
jidd. *schmus* — Gerede, Gerücht;
    hebr. *sch'mû'ôth'* — Gehörtes

Nassauer — der gern auf Kosten anderer lebt,
    also „nassauert";
    Herkunft unklar, obwohl an den Städtenamen
    „Nassau" angeknüpft wurde; (nach KLUGE)
    vielleicht zu
rotwelsch *nassenen* — schenken; jidd. *nossen,*
    nossnen; hebr. *nâtha'n*

Stuß — Unsinn, Quatsch
jidd. *stuss* — Unsinn, Albernheit; rabbin. *sch'tûth*

For was noch bleche un **berappe?**
Werds em zu **joker,** ei do dut
so e **Kamuffel** nix bekappe,
geht **fleede** un zieht noch e Schnut!

berappe — widerwillig bezahlen;
   es gibt Bedenken gegen die Ableitung von der
   Scheidemünze „Rappen" wie auch gegen die
   Deutung (WOLFs)
jidd. *rebbes* — Zins; rabbin. *rîbîth*

joker — teuer, kostspielig, gewagt
jidd. *joker* — kostbar, selten; hebr. *jâkâr*

Kamuffel — dummer, beschränkter Mensch;
   je ungeklärter der Ursprung eines Wortes,
   desto zahlreicher die Erklärungen: Von deutsch
   „Kamel" und „Muffel" (POST), von französisch
   „camouflet" (FRANKFURTER WÖRTER-
   BUCH), von italienisch „camuffo" (DUDEN),
   von hebräisch „chanaph" + französisch
   „camoufler" (SCHRAMM), von jiddisch
   „choneph" + „Muffel" (KOCH); bei Zusammen-
   setzung von „Kanuf" + „Muffel" ergeben sich
   zwei mögliche Herkünfte, zu
jidd. *ganef* — Dieb, oder zu
jidd. *chonef* — Ruchloser, Schmeichler

fleede gehen — verloren gehen, fliehen
jidd. *plete* — fort; hebr. *p'lêtâh* — das Entrinnen
   (siehe auch Seite 17 „bleede")

Do kammer werklich **Roches** krie'e:
kaa **Heierling** vun dem Nixnutz!
Tohuwabohu! Sich verziehe,
noch **Janda** mache un die Wutz!

Roches — Zorn, Wut
jidd. *roges* — Zorn; hebr. *rôges*

Heierling — Fünfmarkstück
jidd. *hej* — fünf

Tohuwabohu — ein größeres Durcheinander ist
   kaum vorstellbar
hebr. *tôhû wâ bôhû* — wüst und leer, der Bezeich-
   nung des Alten Testaments für den Zustand
   der Erde vor dem schaffend-ordnenden
   Eingreifen Gottes (vgl. 1. Mose 1, 2); dann
   interpretierend übertragen auf „Chaos"

Janda mache — Krach machen
jidd. *jontoff* — Feiertag, Festtag;
   Kompositum zu „Jamm" = Tag + „doff" = gut

Was for **Geseier** un Gesabbel,
was for **Gemauschel**, liewe Zeit!
Was is das **oser** for Gebabbel,
verzappe so nor **Kohl** die Leit!

Geseier — Geschwätz; auch „G(e)seires" genannt
jidd. *geseire, geseere* — Bestimmung, Verordnung;
    hebr. *g'sêrâh*

Gemauschel — heimliches Reden oder Tun
jidd. *mosche, mausche* — Moses, als Übername für
    „Jude", im Sinne von „wie ein Jude sprechen"

oser — wirklich, gewiß, sicher, passend;
    beteuernd gebraucht, aber auch das Gegenteil
    bedeutend, nämlich „sicher nicht"
jidd. *osser, ossur;* rabbin. *aßûr* — verboten,
    unerlaubt

Kohl — Schwindel, Unsinn, dummes Gerede
jidd. *kol* — Stimme; hebr. *kôl*

Städtequiz

Wer kennt die Stadt am Rhoi: **Ischmokem**
un **Schneckeschorum** in de Palz?
E anner Stadt dort: **Barrachmokum;**
e Quell in **Zelemochum**: Salz.

Ischmokem — Mannheim
jidd. *isch* — Mann, hebr. *îsch* +
jidd. *mokem, mokom, mokum* — Ort, Stadt;
    hebr. *mâkôm*

Schneckeschorum — Zweibrücken
jidd. *schne* — zwei, zweimal +
jidd. *gescher* — Brücke, Pl. *geschorim;*
    hebr. *g'schûr;* wörtlich also „zwei Brücken"

Barrachmokum — Grünstadt
jidd. *porach* — ausschlagen, sprießen; hebr. *pâra'ch;*
    erster Wortteil „Barrach" bedeutet „Grind",
    zweiter Wortteil „mokum" = Stadt (siehe oben);
    wörtlich also „Grindstadt", hier wird noch die
    frühere bis in das 19. Jahrhundert erhaltene
    amtliche Schreibung „Gründ-, Grindstadt"
    u. a. vorausgesetzt

Zelemochum — Kreuznach, Badestadt mit
    Solequelle als Einnahmequelle
jidd. *zelem* — Zeichen, Kreuz; hebr. *zälem* —
    Abbild; erster Wortteil also „Kreuz", zweiter
    Wortteil „mokum" = Stadt (siehe oben)

Kaduschenum leit in Rhoihesse,
wo **doff,** jo **dufde** halt de Woi;
Bärmokum — ohne Rhoi das Hesse —
met **Zischebaddem** groß un foi.

Kaduschenum — Mommenheim (bei Mainz);
　　Neckname; die „Kaduschenumer" nannte man
　　auch die „Hebräer", weil der Anteil der
　　jüdischen Bevölkerung dort besonders hoch
　　war; „Kaduschem" bedeutet „Geschwätz"
jidd. *Chiddusch* — Neuigkeit, Pl. *Chedduschim*

doff, dufde — gut, prima
jidd. *tof* — gut; hebr. *tôb*

Bärmokum — Frankfurt
jidd. *peer* — Glanz, Ruhm, Zierde;
　　zweiter Wortteil siehe vorherige Seite
　　„mokum" = Stadt

Zischebaddem — Sachsenhausen (Stadtteil von
　　Frankfurt)
jidd. *schische* — sechs +
jidd *battim,* dem Pl. zu *bajis* — Haus, wörtlich
　　also „sechs Häuser"

Ende einer Sauftour

Dut mer e **Kosemattche** petze,
trinkt mer bestimmt kaa **Schlorembrieh,**
aach **Jajemsoruf** dut so ätze,
un **Ores** saift net mol es Vieh.

Kosemattche — „e Halwe" = ein halber Schoppen
jidd. *choze* — Hälfte; hebr. *chazî* +
jidd. *matt* — wenig; hebr. *m'at;*
    aus der Schiffersprache: „es Mattche = was bei
    Verladearbeiten abfällt und beiseite geschafft
    wird

Schlorembrieh — Wein, den unsereins nicht trinkt
jidd. *schlorem* — gering

Jajemsoruf — Branntwein:
    Zusammensetzung aus
jidd. *jajin* — Wein; hebr. *ja'jin* +
jidd. *sorof* — gebrannt; hebr. *ßâra'ph* — brennen;
    „Sorof" heißt der Schnaps

Ores — Haustrunk, Fusel, Schnaps;
    wohl zu
jidd. *sorof* siehe oben

De Bubbes dut mer **Joli** nenne,
de Treschderwoi aach **Lajem** heescht;
de Wert, de **Kober,** deet mer schenne,
wammer beim **Schächer** so was kreescht[1].

Joli — Haustrunk — den heute keiner mehr trinkt
jidd. *jajin* — Wein; aus der Abkürzung der ersten
  beiden Buchstaben (Jod, Olef)

Lajem — Tresterwein, geringer Wein
jidd. *jajin* — Wein; möglich ist der Einfluß von
  Läuer, Leier (aus lateinisch *lorea* = Tresterwein)

Kober — Wirt; eine „Koberei" ist eine Wirtschaft
jidd. *kowo* — Schlafkammer, *kober* — Wirt;
  rabbin. *châbêr*

Schächer — Gastwirt
jidd. *schächer* — Kneipwirt; hebr. *schâcha'r* — trinken

1) kriegen würde

Met **Kooschermoscht** e Kneipkur mache
un **schwäche,** saufe, wie e Loch,
bis mer **beschogert** vun so Sache —
wer **schaskelt** do seit aaner Woch . . .?

Kooschermoscht — Most, den die Söhne heimlich
    aus dem elterlichen Keller fortschaffen und
    verkaufen (Quelle: Pfälzisches Museum 1903);
    erster Wortteil wohl zu „oschern" = heimlich
    wegnehmen, sich bereichern
jidd. *oscher sein* — reich sein; hebr. *'aschîr*

schwäche — trinken, zechen
jidd. *schwächen* — trinken; hebr. *schâpha'ch* —
    gießen

beschogert — betrunken
jidd. *schochar* — trinken; hebr. *schâcha'r*

schaskele — Alkohol trinken; „beschaskelt" heißt
    betrunken sein
jidd. *schaskenen* — trinken

De Hannes, der hatt Kummer, **Dajes,**
es war net **nebbich,** was er hatt;
soi Fraa, die saat noch: Mach kaa **Majse,**
doch der war der ihr **Eze** satt.

Dajes Pl. — Kummer, Sorge
jidd. *dajes* — Kummer, Sorge; hebr. *d'âgâh,*
   d'âgôth

nebbich — unwichtig, belanglos, leider
jidd. *nebich* — leider

Majse — unnütze Sachen
jidd. *maase, maise* — Tat, Geschichte;
   hebr. *ma'asäh*

Eze — Hinweis, Anregung, Neuigkeit
jidd. *eze* — Ratschlag, Rat; hebr. *ezah*

Im Nu do war er aach **beschickert**
un hatt e **Schiwes,** awwer wie!
So **mole,** hot mer sich verklickert,
un **schmorich** war er jo noch nie.

beschickert — betrunken; „schicker" = angeheitert,
  „Schicker" = Alkoholrausch
jidd. *schikker* — trunken; rabbin. *schikkôr*

Schiwes — Alkoholrausch
jidd. *schibbusch* — Verwirrung, Fehler

mole — vollgesoffen
jidd. *mole* — voll; hebr. *mâlê'*

schmorich — betrunken
jidd. *schmoren* — trinken, von jidd. *schmorem* —
  starker Wein; hebr. *sch'mârîm*

Er dorkelt haam met runde **Glajem**
un **holjert** iwwer Gass un Pad;
er hot ganz klitzeklaane **Najem**
un **Ääme,** daß en wer verhaat.

Glajem Pl. — Füße; auch „Raglarem" genannt
jidd. *regel* , Pl. *raglajim* — Fuß, Füße;
    hebr. *rägel, raglajim*

holjere — (schwerfällig) gehen; mancherorts heißt
    es auch „holche" oder „hulche"
jiid. *halchenen, halcheren* — gehen; hebr. *hâla'ch*

Najem Pl. — Augen
jidd. *ajin,* beide Augen: *enajem;* hebr. *'ajin,*
    'êna'jim

Ääme — Angst, Furcht
jidd. *eme, eime* — Schrecken, Furcht; hebr. *êimâh*

    Redensart:
    De Joschbes (sonderbarer Mensch)
    sitzt im Uschbes (Wirtshaus) und
    schaskelt (trinkt); wann er
    rauskimmt, hot er runde Klajem
    (Füße) und klaane Najem (Augen).

Schun dut aach wer e **Bonem** ziehe
un macht **Gezeekes** — was for Krach!
„Du sollsch doch gleich es **Esik** krie'e,
du Saufnaas, **scheff schach schiwerach**!

Bonem — Gesicht, Mund, Kopf; „e Bonemche
mache" = ein Gesicht machen
jidd. *ponem* — Angesicht; hebr. *pânîm*

Gezeekes — Wortstreit, Zank, Geschrei
jidd. *zekes* — Geschrei; hebr. *za'akôth,* Pl. zu
za'akâh

Esik — Krämpfe, Epilepsie; als Verwünschung
gebraucht
jidd. *eissik, essek* — Arbeit, Mühe, Krämpfe,
Handel; rabbin. *êßek*

scheff schach schiwerach! — hau ab! mach dich
fort! „scheffen" = gehen, sein, machen, zu
deutsch „schaffen" unter Einfluß von
jidd. *jaschwenen* — setzen + „schach" = handle! von
jidd. *schachern* — handeln; hebr. *sâcha'r* — Gewinn,
Erwerb + „schiwerach" = fort, einer Mischform
aus „schibes" = bankrott von
jidd. *schiwe* sitzen — ein siebentägiger Trauerbrauch;
hebr. *schib'âh* — sieben, sowie „wiwerach" = fort,
weg; von hebr. *wa-jiw'rach* — und er entfloh
(Moses I 31, 21, Hosea 12, 13)

D' **Missemeschinne** sollsche krie'e
un aach die **Kinnem** gleich dezu!
Ze **Hacheles** dorumseziehe,
du depperder **Amhores** du!

Missemeschinne — Krankheit, Verderben, Tod;
   nur in Flüchen und Verwünschungen; auch
   „miese Maschine"
jidd. *misse meschunne* — jäher, unnatürlicher Tod

Kinnem Pl. — Läuse, Nissen
jidd. *ken* — Laus, Pl. *kinnim;* hebr. *kinnîm*

Hacheles — nur in der Redewendung: Das hat er
   „ze Hacheles" getan u. ä. = das hat er erst
   recht, zum Trotz, zum Ärgern getan
jidd. *lehaches, lehachles, zehachles* — erst recht,
   aus Trotz

Amhores — dummer Kerl
jidd. *am horez* — Unwissender, Dummkopf;
   hebr. *'am hâ-ârez*

   Ortsneckerei:
   „Dienem hot Kienem" = Dienheim
   (bei Oppenheim) hat Läuse

   Reim:
   Keiner kratzt sich „unbeschinnen",
   entweder hat er „Dajes" oder „Kinnem" =
   keiner kratzt sich grundlos,
   entweder hat er Sorgen oder Läuse

Du **Schodebinnes,** alder Suffkopp,
du wersch **geroscht,** un net so knapp!"
Oh meiner **Schamme!** wie die druffkloppt,
er kriet de **Dippel** un macht schlapp.

Schodebinnes — Narr;
  Zusammensetzung aus
jidd. *schote* — dummer, einfältiger Mensch, Tor;
  hebr. *schôtäh* +
jidd. *pinnes* — Narr

rosche — schlagen
jidd. *rosch* — Kopf; hebr. *rôsch*

Schamme — Seele; nur in der beteuernden Rede-
  wendung: „Meiner Schamme!" = tatsächlich,
  wirklich, fürwahr
jidd. *ma neschome* — meiner Seele;
  hebr. *neschâmâh* — Seele

Dippel — Fallsucht, schwerer gesundheitlicher
  Schaden, wirtschaftlicher Ruin
jidd. *tippel* — Epilepsie; hebr. *tippôl* — er wird fallen

Noh Strich un Fadem er **magajemt.**
„Oh **Hessik**!" schreit er, „heer doch uff!"
Er winselt, bettelt, un er **majemt:**
„Ich **beegere**!", doch sie schleet druff.

magajeme — verhauen
jidd. *makeinen, mekaijnen* — verprügeln

Hessik — Unglück
jidd. *hesek* — Schaden, Verlust; rabbin. *hêsek*

majeme — regnen, weinen
jidd., hebr. *majim* — Wasser

beegere — sterben
jidd. *pegern* — sterben; hebr. *päger*

Mer glaabt, er hätt die **Memmeracke,**
mißt **nifdere** — das wär soi Dot.
Dut se en **memese,** au Backe,
gehts em ans **Kajes,** liewer Gott!

Memmeracke — Tod; nur in der Redewendung:
  „Er hot die Memmeracke"
jidd. *memisren, memisen* — töten

nifdere — zugrundegehen, sterben
jidd. *niftern* — sterben; rabbin. *niphtâr* —
  abgeschieden, tot

memese — töten
jidd. *memisen, memesen* — töten

Kajes — Leben
jidd. *chaies, kaies* — Leben; hebr. *chajjûth*

  Redensart:
  „Der kann nifdere (sterben) am
  scheenschde Janduff! (Feiertag)" =
  Der ist mir total gleichgültig

Er kriet die flie'end Hitz: **Gedages!**
Doge'e is **Kamime** kalt;
sie wollt en **dallche,** is soi Klages,
er **meezert:** „Was han ich for Alt!"

Gedages — hitziges Fieber
jidd. *kedaches* — Fieber; hebr. *kadda'chath*

Kamime — Hitze, Schwüle
jidd. *chamime* — Hitze; rabbin. *chamîmâh*

dallche — umbringen, Selbstmord begehen
jidd. *taljen* — umbringen, henken; hebr. *thâlâh* —
   aufhängen, henken

meezere — klagend bitten, knausern, jammern,
   sich abquälen; auch „abmääzere" genannt
jidd. *mezar sein* — beängstigen; hebr. *mêzar* —
   Bedrängnis

   Verwünschung:
   „Du sollschs Gedippel (Fallsucht)
   un's Gedages (Fieber) krie'e!"

Oh **Memme,** helf mer, **Manneschomme!**
De **Sodem** han ich do im Haus;
de Deiwel hol der ihr **Kafrome,**
fitzekabores, es is aus!"

Memme — Mama
jidd. *memme* — Mutter

Manneschomme — Beteuerungsformel: „Meine
    Seele!"; Zusammensetzung aus *man* — mein +
jidd. *neschome* — Seele; hebr. *neschâmâh*

Sodem — Satan, Teufel; auch „Suten" genannt
jidd. *soton, suten* — Satan; hebr. *ßâtân*

Kafrome Pl. — Launen; möglicherweise zu
jidd. *gawe* — Hochmut; hebr. *gaáwâh*

fitzekabores — zum Teufel! auch: kaputt, mause-
    tot; substantiviert: Kleinigkeit, Geringigkeit,
    Durcheinander u. a. (siehe auch Seite 27
    „kabores")
jidd. *kappores* — tot, entzwei; hebr. *kapparôth* —
    Sühnopfer

62

Was ziddert do es **Dofelbajes,**
de **Kelef** bellt un jault wie doll,
soi Herrche rennt uffs **Seewelbajes** . . .
bassiert! wo die **Butschgaiem** voll.

Dofelbajes — altes Haus
jidd. *tofel* — alt; rabbin. *thâphêl* +
jidd. *bajis* — Haus; hebr. *bêth, bájith*

Kelef — Hund; auch „Keeluf" u. ä. genannt
jidd. *kelef* — Hund; aramäisch *kêleb*

Seewelbajes — Abtritt; auch „Säbelbais" genannt;
   weniger ein stilles Örtchen, als ein Donnerbalken
jiddischdeutsch *sewel* — Mist, Kot +
jidd. *bajis* siehe oben

Butschgaiem Pl. — Hose;
   Deutung unsicher, entweder
jidd. *botte schukajim* — Häuser der Beine, oder
jidd. *b'schokaim* — auf den Schenkeln, oder
jidd. *paßk'jem, pußkajim* — Hosen, von lateinisch
   fascia oder jidd. *buskai* — Gerber

Diese Geschichte ist frei erfunden.
Jede Ähnlichkeit mit wahren
Begebenheiten ist keineswegs zufällig.

Schwere Jungs und leichte Mädchen

E **Gajuff,** der hot kaa Benemmes,
de **Achbrosch** wie e Atzel klaut,
aach **Badderer** vum Stamme Nemm—es,
im **Ganneff** noch kaa Spitzbub traut.

Gajuff — durchtriebener Kerl
jidd. *chajow* — der Schuldige, Schuldner;
rabbin. *chajjâb* — schuldig

Achbrosch — Spitzbube, Gauner
jidd. *achberosch* — Spitzbube (wörtl. „Mauskopf";
hebr. *'achbâr* — Maus, *rôsch* — Kopf)

Badderer — Dieb
jidd. *pattern* — loslassen

Ganneff — Spitzbube
jidd. *ganef* — Dieb

De **Schmieres** hot se wolle schnappe
beim **Ganfe,** doch weil der zu Fuß,
sin se dem **Reegem** dorch die Lappe
un mache noch **kippe-kafrus.**

Schmieres — Schutzmann, Polizist
jidd. *schmiere* — Wache; hebr. *sch'mîrâh,*
    von *schâma'r* — hüten, bewachen

ganfe — stehlen
jidd. *ganefenen* — stehlen; hebr. *gâna'b*

Reegem — Gendarm, Polizist, Soldat;
    auch „Reg" oder „Reeges" genannt
jidd. *rek* , Pl. *rekim* — Müßiggänger

kippe-kafrus — die Beute, den Gewinn teilen;
    „kippe machen" heißt gemeinschaftliche Sache
    machen mit einem „Kafrus" = Genossen
jidd. *kuppe* — Almosenbüchse, Kasse, das wohl
    auf lateinisch *cuppa* zurückgeht, oder
jidd. *kübbo* — Kammer, Zelt +
jidd. *chawruse* — Gemeinschaft, Genossenschaft;
    rabbin. *chabrôthâh, zu hebr. châbêr* — Genosse

So kumme se zu **Hackel-Backel,**
bis se **vermassert** un erwischt.
Es **Mischbet** macht net lang Gefackel,
dut se **verknasse** vor Gericht.

Hackel-Backel — Besitz, Vermögen, Siebensachen;
    gemischte Gesellschaft, Gesindel,
    lärmende Kinderschar
jidd. *hakol-bakol* — alles miteinander

vermassere — verraten
jidd. *moser* — Verräter; hebr. *môßêr*

Mischbet — Gericht, Prozeß; auch „Mischpott"
    genannt
jidd. *mischpet* — Gesetz, Gericht; hebr. *mischpât*

verknasse — verurteilen
jidd. *knassen* — strafen; rabbin. *k'naß*

Jetzt hocke se im **Bollerbajes,**
das mer aach **Dowes** nenne dut;
doch ge'e so e **Mackelbajes**
han ses in some **Kaan** noch gut.

Bollerbajes — Zuchthaus
jidd. *paltor* — Burg +
jidd. *bajis* - Haus; hebr. *bêth, bájith*

Dowes — Gefängnis, Gefangener
jidd. *tofes* — Arrest; rabbin. *thâphêß* , zu
  hebr. *thâphaß* — ergreifen

Mackelbajes — Gefängnis, Zuchthaus;
  erst 1848 wurde dort die mit Stöcken
  ausgeführte Prügelstrafe abgeschafft
jidd. *makel* — Stock, Knüppel; hebr. *makkêl* +
jidd. *bajis* siehe oben

Kaan — Gefängnis, Arrestlokal;
  im Vergleich zum „Mackelbajes" geradezu
  ein Erholungsheim
jidd. *kaan* — hier

Koochemerloosche heescht die Sprach dort,
die im **Ganovebajes** in;
Kassiwer schmuggele die aach dort,
e Pritsch steht statt em **Juschel** drin.

Koochemerloosche — Gaunersprache;
   Zusammensetzung aus „Koochemer" = schlauer
   Kerl + „Loosche" = Sprache
jidd. *chochem* — klug, weise; hebr. *chacham* +
jidd. *loschen* — Sprache; hebr. *lâschôn*

Ganovebajes — zwangsweise Unterkunft für Leute
   aus der Unterwelt
jidd. *ganef* — Dieb +
jiid. *bajis* siehe Vorderseite

Kassiwer — heimliches Schreiben, Kassiber;
   im Gegensatz zum Hirtenbrief nur für
   ausgewählte Schäfchen bestimmt
jidd. *kassibe* — Schriftstück; rabbin. *kathîbâ*

Juschel — Bett
jidd. *joschnen* — schlafen

Doch gibts do nix met soiner **Kääwe,**
racheedele un so is dort verbot!
Gar Hausverbot hot die **Nekeewe,**
ders **Komele** es täglich Brot.

Kääwe — Frau, Liebste;
    als „Keebsweib" schon bei Luther zu finden
jidd. *kebe, kefe* — Weib, Geliebte, dies zu
    rabbin. *kêbah*— Höhlung, Loch

racheedele — Geschlechtsverkehr ausüben
jidd. *rachamo* — Weib

Nekeewe — Weib, Dirne, Hure
jidd. *nekewe* — Frau; hebr. *nekêbâh*

komele — Geschlechtsverkehr treiben
jidd. *chomeln* — beschlafen

E **Schicks,** wo manchem zu Gefalle,
ob die beim **Dorme** Schlof im Sinn?
Die **Naffge** läßt sich das bezahle,
for **lobach** is bei der nix drin.

Schicks — Mädchen, Frau — meist in abschätzigem
　　Nebensinn
jidd. *schiksse* — Christenmädchen, zu hebr.
　　schêkez — Greuel

dorme — schlafen
jidd. *dormen,* dies aus altfranzösisch *dormir* —
　　schlafen

Naffge — Straßendirne, Hure
jidd. *nafke* — Dirne; aramäisch *naphkâ*

lobach — für nichts, umsonst;
　　Zusammensetzung von „lo" = umsonst, und
　　„Bachinem" = Kleinigkeit
jidd. *lo, lau* — nicht, nichts; hebr. *lô* +
jidd. *bechinem* — vergebens; hebr. *b'chinnâm*

　　Redensart:
　　„Naffgene, schassgene, achiele,
　　sin die scheenschde Gefiehle =
　　huren, Alkohol trinken und ordentlich
　　essen sind die schönsten Gefühle

E **Daufelbeelche** is solide
un kaum noch uffs **Hanuu'che** wild;
e **Klaft,** die Kratzberscht, will kaa Friede,
e **Gallisch,** die is ingebild.

Daufelbeelche − alte Frau;
    Zusammensetzung von „daufel" = alt +
    „Beele" = Frau
jidd. *tofel* − alt; rabbin. *thâphêl* +
jidd. *baile, beele* − Herrin; hebr. *ba'alâh*

Hanuu'che − es „Hanuu'che" suchen heißt nur
    seine Freuden im Sinn haben; auch „Hannu"
    genannt
jidd. *hanoe* − Annehmlichkeit; rabbin. *hanâ'âh*

Klaft − alte, böse weibliche Person
jidd. *klafte* − Hündin; aramäisch *kalb'thâ*

gallisch − eingebildet; „Galle" = eingebildete Frau;
    Nebenform zu
jidd. *kalle* − Braut, Geliebte; hebr. *kallâh*

E **Schesga** dut do grad noch fehle,
wer will schun so e **Ische** han!
Un wer sucht sich e alde **Beele,**
wann er e **Goije** toge[1] kann!

Schesga — weibliche Person (abschätzig);
    möglicherweise zu
jidd. *schesa, schos(s)a* — weibliche Scham

Ische — liederliche, sonderbare weibliche
    Person; Redensart: „Was hot der sich do
    for e Ische aagelacht!"
jidd. *ische* — Frau; hebr. *îschâh*

Beele — (unordentliche) Frau, „Dreckbeele" u. a.
jidd. *baile, beele* — Herrin; hebr. *ba'alâh*

Goije — Nichtjüdin; meist jedoch als abschätzige
    Bezeichnung für Frauen (groß, alt, schlampig,
    leichtsinnig u. a.); „Goi" = Nichtjude
jidd. *goj* — Nichtjude; hebr. *goi* — das nicht-
    jüdische Volk

    Kinderreim:
    Ich will der was verzehle
    vun de alde Beele:
    Wann se kaa Kardoffel hot,
    kann se aach kaan scheele.

---

1) „toge" heißt betasten, befummeln, insbesondere Körperfor-
men; das Wort kommt von „taken", vermutlich germanischer
Herkunft.

Schimpfwörter und Typenbezeichnungen

Kasseremkelef wen se nenne
un **Figem,** das ist werklich forsch;
aach **Kasserosch** e Saukopp schenne
un Wasserkopp de **Majemrosch.**

Kasseremkelef — Schweinehund
jidd. *chaser* — Schwein; hebr. *chasir* +
jidd. *kelef* — Hund; aramäisch *kêleb*

Figem — Schimpfwort (bedeutungsvoller Herkunft)
jidd. *neficho, nefiche* — Geräusch, Wind, Furz;
    hebr. *nâphach* — blasen

Kasserosch — Saukopf
jidd. *chaser* siehe oben +
jidd. *rosch* — Kopf; hebr. *rôsch*

Majemrosch — Wasserkopf
jidd., hebr. *majim* — Wasser +
jidd. *rosch* siehe oben

E **Joschbes** is e bißje dabbich,
e **Koochemche** dege'e schlau;
der wo **verkassert,** der is babbich,
em **Ennefeele** jo net trau!

Joschbes – unbeholfener Mensch;
    wohl eine Zusammensetzung des Vornamens
    „Jospel" + „Juschbes" = Wirt
jidd. *Jospel* – jüdischer Vorname +
jidd. *oschpis* – Wirtshaus; rabbin. *oschpîsa,*
    dies aus lateinisch *hospitium*

Koochemche – ein „Koochem" oder „Koochemer"
    ist ein schlauer, gerissener Mensch
jidd. *chochem* – klug, weise; hebr. *chacham*

verkassert – schmutzig, ungepflegt
jidd. *chaser* – Schwein; hebr. *chasir*

Ennefeele – Bursche, dem nicht zu trauen ist
jidd. *newele* – Aas, schlechter Mensch, Schelm;
    hebr. *nebêlâh* – Aas

E **Schliach,** der dut net veel dauche;
e **Schmajes,** das is e doll Nuß;
e **Dalfel** kammer so gebrauche
wie e nixnutziche **Kafrus.**

Schliach — dienstbeflissener Mensch, willfähriger
    Diener, langsame, schlampige Person u. a.
jidd. *schliach* — Bote, Gesandter; rabbin. *sch'líiach*

Schmajes — Schmeichler; langes Gerede;
    „Schma-Jesrueihl" = Ausruf der Verwunderung,
    nach dem Anfang des jüdischen Glaubens-
    bekenntnisses
jidd. *schma jissroel* — Höre Israel!
    hebr. *sch'ma' jisrâêl*

Dalfel — Taugenichts, unbeholfener, dummer
    Mensch, Armer, Bettler;
    Herkunft entweder zu
jidd. *dalfen* — arm; aus hebr. *dâla'ph* — hin-
    schleichen, oder zu
jidd. *Dalfen;* hebr. *Dalphôn,* einer der 10 Söhne
    Hamans (Esther 9, 7)

Kafrus — Genosse, Freund, sonderbarer Mensch
    jidd. *chawruse* — Gemeinschaft, Genossen-
    schaft; rabbin. *chabrôthâh,* zu hebr.
    châbêr — Genosse

Roofnickel nennt mer den, wo gierich;
e **Koozen** is kaa armer Mann;
e **Wulleboser** is net zierlich;
e **Malke** is e dick Madam.

Roofnickel — habgieriger Mensch, „Roofseckel";
„verrooft" heißt geizig sein
jidd. *roof* — Hunger; hebr. *ra'âb*

Koozen — reicher Mann
jidd. *kozen* — Vornehmer, Reicher; hebr. *kâzîn*

Wulleboser — Klotz von einem Mann, „Wullewatz"
jidd. *boser* — Fleisch; hebr. *bâsâr*

Malke — dicke (große, schwerfällige) Frau,
Pikkönigin (im Kartenspiel) u. a.
jidd. *malke* — Königin; hebr. *malkhâh*

E **Horig** setzt sich nirgends Schranke;
e **Rosche,** der ist gottverloß,
e **Baacher** dut met jedem zanke;
e **Meelach,** der sitzt hoch zu Roß.

Horig — ungeschlachter, zorniger, wilder,
　　brutaler Mensch
jidd. *horeg* — Mörder; hebr. *hâra'g* — morden

Rosche — böser Mensch, Gottloser, roher
　　ungehobelter Kerl, Judenfeind
jidd. *rosche* — Bösewicht, Frevler, Gottloser;
　　hebr. *râschâ'*

Baacher — junger, zänkischer oder dicker Kerl,
　　Judenlehrer
jidd. *bocher, bacher* - Jüngling; hebr. *bachûr*

Meelach — großer, sonderbarer Mensch, König,
　　König im Kartenspiel, Offizier
jidd., hebr. *melech* - König

E **Schoges** is e Bossemacher,
un e **Schagores** halt e Kauz;
e **Koozebinnes** hot soi Lacher,
e **Guschem** fällt als uff die Schnauz.

Schoges — sonderbarer, närrischer, einfältiger
    Kerl, Spaßvogel; auch „Scheeges" oder
    „Schogges" genannt
jidd. *schekes* — Knabe, Bursche; hebr. *schêkez* —
    Greuel

Schagores — Spaßmacher, Schalk;
    entweder zu „schäkern", also zu
jidd. *chek* — Busen, weiblicher Schoß, oder zu
jidd. *schokar* — er hat gelogen, bzw. *schakron* —
    Lügner

Koozebinnes — Narr, verrückter Mensch;
    Zusammensetzung aus
jidd. *choze* — Hälfte; hebr. *chazî* +
jidd. *pinnes* — Narr, dies zu *pinnos* — Haupt,
    Anführer

Guschem — tauber, ungeschickter Mensch, auch
    Schelte: „Daaber Guschem!"
jidd. *chuschem* — schwerhörig, taub, schwachsinnig

Owwermaschores sein sin Sache!
Aach **Owwerbarnes,** das is was,
do kammer schee de **Schemmes** mache –
Melochem sein macht wenich Spaß!

Owwermaschores – Oberster, z. B. Oberbürger-
meister – vor wenigen Jahren wurde der
von Bingen in einer Zeitungsüberschrift
noch so tituliert; (siehe auch Seite 34
„Maschores")
jidd. *meschores* – Knecht; hebr. *meschârêth*

Owwerbarnes – Anführer usw.
jidd. *parnes* Gemeindevorstand; rabbin. *parnâß*

Schemmes – Tonangebender, Vorgesetzter, Chef,
Angeber
jidd. *schemesch* – Sonne; hebr. *schämesch*

Melochem – wer niedrige Arbeiten verrichten
muß, Diener
jidd. *meloche, maloche* – Arbeit; hebr. *mal'âchâh*

E **Leezemer** dorum dut ziehe,
schlamulich, wie es em gefällt;
e **Schummeler,** der dut betrie'e
wie e **Schalauner,** gehts ums Geld.

Leezemer — herumziehender Musikant, Land-
    streicher, Strolch
jidd. *lezan* — Musikant, Pl. *lezanim*

schlamulich — spitzbübisch, unordentlich
jidd. *schlemil* — Pechvogel, Dummkopf,
    Taugenichts; hebr. *schä-lô-mô'îl* — der nichts
    taugt

Schummeler — einer der „Schummel" macht, das
    heißt leicht betrügt, mogelt;
    zu „Schumler" = Jude aus Schum (das ist die
    Gegend zwischen Speyer, Worms, Mainz),
    „Schum" ist das Abkürzungswort aus den
    hebräischen Anfangsbuchstaben Schin=Speyer,
    Waw=Worms und Mem=Mainz

Schalauner — Schalk, Gauner;
    Ableitung zu einer Nebenform von
    „Galomes" = Schwindel
jidd. *cholom* — Traum, Pl. *chalomes;* hebr.
    châlôm, Pl. *chalômôth*

Achtung, Geschäfte!

Die Handelssprach **loddekodisch,**
die **Massemadde** sinds Geschäft,
de Preis, de **Meegach,** hält im Lot sich,
falls mer e **Mezje** net verschläft.

loddekodisch — in der Sprache der (jüdischen)
    Händler, hebräisch; auch „lotegorisch",
    „loddekonisch" u. ä. genannt
jidd. *loschen* — Sprache; hebr. *lâschôn* +
jidd., hebr. *kodesch* — heilig

Massemadde Pl. — Geschäfte, Handel, Machen-
    schaften
jidd. *massematten* — Handel;
    hebr. *massâ u-mattân* — das Genommene und
    die Gabe

Meegach — Preis, Geld
jidd. *mekach* — Kauf, Verkauf; hebr. *mikach* —
    Kauf, Kaufpreis

Mezje — guter, preiswerter Kauf, Aufwand
jidd. *mezie* — Fund, guter Kauf; rabbin. *mezi'âh*

Doch Owwacht, heeschts: In de **Machschowe!**
Un daß mer was **lau** wäsche kann.
Seet wer mol **Schuck,** was jo se lowe,
dann awwer **Ratt,** werds deier, Mann!

Machschowe — Gedanken; „in de Machschowe"
bedeutet: Was ich hier sage, ist unwahr, was
jedoch Nichtjuden selten verstanden
jidd. *machschowe* — Gedanken;
hebr. *machaschâbâh*

lau — nichts, vergebens;
Handelsreisende sollen damit geworben haben,
daß man etwas „lau" waschen könne — was
nicht „lauwarm", sondern „nicht" bedeutete
jidd. *lo, lau* — nicht, nichts; hebr. *lô*

Schuck — Mark, Markt
jidd. *schok, schuk* — Markt; hebr. *schûk* —
Platz, Straße

Ratt — Taler
jidd. *rat* — Abkürzungswort zu „Reichstaler"

Wer beim Handel besonders schlau sein
wollte, wurde auch schon mal übers Ohr
gehauen. Dabei nutzte man die doppelte
Bedeutung von „Schuck" = Mark und Markt.
Einmal sagte man „Ratt", dann „Schuck", wobei
man einmal Markt, ein andermal Mark meinte.
Da ein Ratt zehn Mark war, wurde es für
allzu Schlaue nichts mit dem „Bombengeschäft".

So e **Kaloochem,** der dut nemme
vum dem, der wo **lomuker** is;
e Spitzbub, der dut halt **katschemme;**
e **Kanuf** hot vor gar nix Schiß.

Kaloochem — (unreeller) Makler, Händler, Auf-
    schneider u. a.; auch „Galoogem" genannt
jidd. *chelek* — Teil, Anteil, *chelukenen* — teilen
    (der Makler erhält einen Anteil)

lomuker — unverständig in Geschäftsdingen;
    Zusammensetzung aus
jidd. *lo* — nicht, nichts; hebr. *lô* +
jidd *mucker sein* — (er)kennen, bekannt sein

katschemme — etwas heimlich mitgehen lassen,
    stehlen;
jidd. *chatchen(en)* — schneiden

Kanuf — Gauner, Schlauberger, Schelm;
    möglicherweise zu
jidd. *ganef* — Dieb, oder zu
jidd. *chonef* — Ruchloser, Schmeichler

Wer läßt sich net de Kopp **vollore**,
hofft er uff **Broche**, veel Gewinn!
Un wer macht net im Nu **Peschore**,
wann ordentlich **Refoochem** drin!

vollore — jemand mit Reden, Bitten behelligen,
auch „beore" genannt;
nicht von „Ohr" abgeleitet, sondern
nach POST aus
jidd. *oren* — beten, zu lateinisch *orare*

Broche — Wachstum, Segen, Glück, Nutzen;
„es is kaa Broche(s) draa" = es ist kein
Gewinn daran, daran ist nichts Gutes
jidd. *beroche* , Pl. *broches* — Segen; hebr. *b'râchâh*

Peschore — gütliche Einigung (in einem Streit-
fall, Handel), Machenschaften; lieber
„Peschore mache", als überhaupt kein Geschäft
jidd. *pschore* — Vergleich; aramäisch *pschoroh*

Refoochem — Gewinn
jidd. *rewochim* , Pl. zu *rewach*

Händler versuchten schon mal beim Verkauf
etwas nachzuhelfen. Der Ausruf „Meine
Nefiche (Forz) soll vor deinen Augen
zerplatzen, wenn ich die Unwahrheit sage",
soll sehr wirksam gewesen sein.

Mer will **mefiache,** was verdiene,
Schamboles brauch mer halt, Profit,
mer muß jo schließlich was **verkiene,**
nor **Baufmees,** Trinkgeld, das wär Schit.

mefiache — verdienen
jidd. *marwiach sein, marwichen* — verdienen,
gewinnen

Schamboles — Gewinn, Anteil an der Diebesbeute,
Makler
jidd. *schibboles* — Kornähre; hebr. *schibbôleth*

verkiene — verkaufen
jidd. *kinjen* — kaufen; rabbin. *kinjân* — Erkauftes

Baufmees — Trinkgeld;
Zusammensetzung aus „baufen" = trinken +
„Mees" = Geld
jidd. *bâfen* — trinken +
jidd. *mees, mojes, moos* — Geld

Jüdische Weisheit: Wenn was auf der Straße
liegt, soll man zwei Besen holen und kehren

Wer was verkaafe will, brauch **Kone**
un **Rewwes,** das is de Gewinn;
dut sich es **Zasseres** net lohne,
hots for de **Balzasser** kaa Sinn.

Kone — Kunde; „konen" heißt kaufen
jidd. *kone* — Käufer

Rewwes — Profit, Gewinn
jidd. *rebbes* — Zins; rabbin. *rîbîth*

Zasseres — Maklergeld, Geld, Trinkgeld
jidd. *sarseras, sasseras* — Maklergeld,
    zu „Zasser" = Hehler beim Viehhadel, oder
    (nach TAWROGI) Umbildung aus
jidd. *messessres* — Provision

Balzasser — Viehhändler, Makler, Vermittlungs-
    gebühr
jidd. *baal* — Herr +
jidd. *sasser, sarser* — Ausspäher, Unterhändler,
    Zubringer; rabbin. *sarsûr*

Wurde ein Jude bei einem Geschäft betrogen,
wünschte er dem anderen, daß sehr viel Gras
vor seiner Tür wachsen möge; soll heißen,
daß keine Kunden kommen, er wünschte
somit schlechte Geschäfte.

Mer guckt uff **Mummes** un **Mesumme;**
was springt beim **Asken,** Hannel, raus?
Macht wer **Botschores,** so was Krummes
un nix wie **Schacher,** isses aus.

Mummes — Geld, Trinkgeld, Reichtum
jidd. *mommon* — Geld, Vermögen; hebr. *mamôn*

Mesumme — Geld, Reichtum
jidd. *moos mesumme* — Bargeld

Asken — Handel; ein „Askener" ist ein
　　Handelsmann
jidd. *assak* — beschäftigt, *essek, eissek* —
　　Handel, Mühe; rabbin. *êßek*

Botschores — unsaubere Machenschaften
jidd. *pschore* — Vergleich; aramäisch *pschoroh*

Schacher — (gewinnsüchtiger) Handel
jidd. *schachern* — handeln; hebr. *sâcha'r* —
　　Gewinn, Erwerb

　　Redensart:
　　„De aa macht Honores, de anner
　　Botschores" = Der eine macht
　　Honores (ehrerbietiges Verhalten —
　　Pl. zu lateinisch *honor* — Ehre),
　　der andere unsaubere Sachen

Gefeilscht werd als um jede **Booscher,**
umsunscht, **beschinnen,** is de Dot,
un der koschts Lewe — liewer **ooscher**
so wie e **Soocher,** der soi Brot.

Booscher — Pfennig
jidd. *poscher, poschut, poschit* — Pfennig,
  Kleinigkeit

beschinnen — für nichts, umsonst
jidd. *bechinem* — vergebens; hebr. *b'chinnâm*

ooscher — reich, vermögend
jidd. *oscher sein* — reich sein; hebr. *'âschîr*

Soocher — Kaufmann
jidd. *socher, sochrer* — Händler; hebr. *sâcha'r* —
  Gewinn, Erwerb

  Jüdische Weisheit:
  Nu, wenn alles läuft, soll man gehen

E ganze **Ulem** Geld verlangt wer,
selbscht for so **Aschbes** un den Schiß
wie **Bafel,** ei do dankt mer,
wann aaner so **lokoochem** is!

Ulem — Masse, Menge; auch „Olem" genannt
jidd. *olem* — Ewigkeit, Welt; hebr. *'ôlâm*

Aschbes — minderwertige Ware, Ausschuß,
    Plunder, schlechter, minderwertiger Wein
jiid. *aschpe* — Mist; hebr. *aschpôth*

Bafel — minderwertige Ware; auch „Bowel"
    genannt
neuhebräisch *bâbel, bâfel* — minderwertige
    Ware

lokoochem — schlau, gerissen, superklug;
    ein „Lokoochem" ist ein gerissener, raffi-
    nierter Mensch, Schlaufuchs, Schlitzohr —
    früher Neckname für die Einwohner von
    Alzey-Dautenheim;
    Weiterbildung zu „koochem" = schlau, wobei
    das „lo" eigentlich eine Negierung
    bewirken müßte
jidd. *lo* — nichts, umsonst, gering; hebr. *lô* +
jidd. *chochem* — klug, weise; hebr. *chacham*

Beim **Moosche** dut de Handschlach gelde,
weil jo e Jud nix **kasfajemt;**
Krischbonemcher schreibt der jo selde,
for e **Bachinem** sin sem fremd.

Moosche — Moses (jüdischer Vorname), Jude,
    jüdischer Viehhändler
jidd., hebr. *mosche* — Mose

kasfajeme — schreiben, aufschreiben, unter-
    schreiben
jidd. *kaswenen* — schreiben

Krischbonemche — Rechnung
jidd. *cheschbon* — Rechnung

Bachinem — Kleinigkeit, ein Geringes,
    geringer Preis
jidd. *bechinem* — vergebens; hebr. *b'chinnâm*

Ein Jude bemühte sich selbst um „Geschäfte",
die andere des geringen Verdienstes wegen
ablehnten. So machte er sich noch in den
dreißiger Jahren für einen „Gewinn" von
50 Pfg. zu Fuß in das 3 km entfernte
Nachbardorf.

Gehts dann ans **nosene,** bezahle,
hot mancher, seet er, nix im **Kiss,**
dut vum **beschulme** net veel halle,
wo die **Medine** doch so **mies!**

nosene — bezahlen, geben
jidd. *nossen, nossnen* — geben, schenken;
   hebr. *nâtha'n*

Kiss — Geldbeutel, Kasse, Geld
jidd., hebr. *kis* — Beutel, Sack

beschulme — bezahlen
jidd. *meschulmen* — bezahlen; rabbin. *meschullâm* —
   bezahlt

Medine — Gegend, Bereich; übertragen Absatz-
   gebiet; „miese Medine" bedeutet unergiebiges
   Gebiet
jidd. *medine* — Land, Gerichtsbezirk;
   hebr. *medînâh*

mies — unangenehm, schlecht, widerwärtig
jidd. *mis* — ekelhaft, garstig, schlecht

De ganze **Emmes** vun dem **Memmes**
is, daß er kaa **Beschiitche** Geld;
will lehne, **malme,** un bekäm es,
wäre soi **Kofes** aus de Welt.

Emmes — das Wahre, der Kern einer Sache,
   Hauptperson
jidd. *emmes* — wahr, Wahrheit; hebr. *ämeth*

Memmes — nur in der Redewendung: „Das is de
   ganze Emmes vum Memmes" = Das ist der
   wahre Kern der Geschichte;
   wohl zu
jidd. *memisen, memesen* — töten; rotwelsch
   Memes — Mord

Beschiitche — Pfennig
jidd. *poschit,* Pl. *peschitim* — Pfennig, Heller,
   Kleinigkeit, dies aus rabbin. *pâschût* —
   einfach, oder hebr. *paschat* — ausbreiten

malme — borgen
jidd. *malwen, malmen* — borgen; hebr. *malwäh* —
   wer etwas ausleiht, Gläubiger

Kofes — Schulden
jidd. *chow* — Schuld, Pl. *chowess*

Er is bankrott, das heescht **machulle,**
is **schiwes** gang, das gibts, nu gut.
Doch **scheeker** un met so veel Nulle,
jo noch **maramme,** gibt bees Blut!

machulle — bankrott, erschöpft, krank, verrückt;
  der Gipfel: „e machullene Dallesbruder"
jidd. *mechulle* — zugrunde gerichtet, krank

schiwes — bankrott, am Ende
jidd. *schiwe* , ein siebentägiger jüdischer
  Trauerbrauch; hebr. *schib'âh* — sieben, zu
  hebr. *schebeth*

scheeker — lügnerisch
jidd. *scheker* — Lüge; hebr. *schäker*

maramme — betrügerisch
jidd. *meramme sein* — betrügen; hebr. *merammäh* —
  betrügend
  Jüdischer Ausspruch: Wo einer „machulle" ist,
  da geht noch ein Weg, aber wenn einer
  „maramme" ist, geht nichts mehr.

Auf dem Frankenthaler Thor zu Worms, oder
war es auf dem Wormser Thor zu Frankenthal
— kurz, es war an einem Ort, bei dem der
Viehmarkt abgehalten wurde — soll früher
folgende Inschrift gestanden haben: „Schekher
hilft nix. — Roges batt't nix. — Wer chajef is,
muß beschulme!" = Lügen hilft nichts. Ärger
nützt nichts. Wer schuldig ist, muß bezahlen.

Junges Glück

Wann zwaa **beschawwert** un e Pärche,
gibts gleich **Kaduschem** uff de Gass:
E **Kiddisch** grad so wie im Märche,
e Borsch, e **Schefdel,** was e Spaß!

beschawwert — gut miteinander bekannt,
    befreundet sein; Herkunft unbekannt

Kaduschem — Geschwätz, Gerede, Neuigkeit,
    Getue
jidd. *Chiddusch* — Neuigkeit, Pl *Chedduschim*

Kiddisch — Neuigkeit
jidd. *chidisch* — neu

Schefdel — Braut; abgeleitet von „scheffen" =
    gehen: Er geht mit ihr; möglicherweise von
jidd. *jaschwenen* — setzen

Verlowung. Sie, die Braut, die **Kalle,**
hot jetzt e **Kusem,** 's war aach Zeit!
De **Schetsmann** wollt ihr gleich gefalle,
es **Schadche** bringt se schnell so weit.

Kalle (jüdische) Braut, Judenfrau, Frau,
strammes Mädchen u. ä.
jidd. *kalle* — Braut, Geliebte; hebr. *kallâh*

Kusem — Bräutigam, Liebster; auch „Kosen" usw.
genannt
jidd. *chosen* — Bräutigam; hebr. *châthân*

Schetsmann — Bräutigam
jidd. *chosen* siehe oben

Schadche — Heiratsvermittler
jidd. *schadchen* — Ehestifter, Kuppler;
rabbin. *schadchân*

Am Hochzeitsdaach han se **gekasselt,**
gemallebuscht warn alle Gäscht.
Was for e Glick, was for e **Massel,**
was for e **Burem,** was for Fescht!

gekasselt — verheiratet, geheiratet; „kassene"
   heißt sich verheiraten
jidd. *chassenen* — heiraten, *chassne* — Heirat;
   hebr. *chathunnâh*

gemallebuscht — (fein) gekleidet, herausgeputzt;
   „Malbusch" = Oberkleid, Rock, Anzug;
   „malbusche" = sich (fein) kleiden
jidd. *malbusch* — Oberkleid, Pl. *malbuschim;*
   hebr. *malbûsch*

Massel — Glück; „Unmassel" = Unglück
jidd. *massel* — Stern, Glücksstern, Glück;
   hebr. *massâl*

Burem — große Festlichkeit, lebhaftes Treiben
jidd. *purim* — das Fest Purim; hebr. *pûrîm*

   Redensarten:
   „Er hot es Moos gekasselt" = Er hat
   das Geld geheiratet
   „Bei dene is heit groß Burem" = Bei denen
   ist heute ein großes Fest
   „Was die Kinn for Burem mache" = Wie wild
   die Kinder herumtollen

Was war das for die ganz **Mischpooche**
e **Janduff** un e Feierei;
die Glickwinsch ware: **Masselbroche**!
un daß die Braut ball **baddersch** sei.

Mischpooche — Verwandschaft, Sippschaft,
    Gesindel, Gerümpel u. a., auch „Mischbooge",
    „Mispach" usw. genannt
jidd. *mischpoche* — Familie, Stamm, Genossen-
    schaft; hebr. *mischpâchâh*

Janduff — Feiertag, Fest, festliches Treiben;
    auch „Jonteff" genannt
jidd. *jontoff* — Feiertag, Festtag; Kompositum
    zu „Jamm" = Tag + „doff" = gut

Masselbroche — Glück und Segen
jidd. *massel* — Stern, Glücksstern, Glück;
    hebr. *massâl* +
jidd. *beroche,* Pl. *broches* — Segen; hebr. *b'râchâh*

baddersch — schwanger, trächtig
jidd. *pattersch* — hochschwanger, zu rabbin.
    mepattêr

    Ausspruch:
    „Masselbroche for die ganz Mischpooche" =
    Glück und Segen für die ganze Sippe

Es hot geklappt! Sie war **mabeeres,**
un wuscht: es gibt e **Koozemche,**
kaa **Mamser,** ei e Baschdard wär das,
e Bangert wär e **Komelche!**

mabeeres — schwanger
jidd. *maberes, me'uberes* — schwanger;
    hebr. *me'uberêth*

Koozemche — Kind, bei dem beide Elternteile
    Juden oder Arier sind
jidd. *koten* — klein, jung, Kind

Mamser — Mischling von christlich-jüdischen
    Eltern, Bastard, auch Schimpfwort
jidd. *mamser* — Bastard; hebr. *mamsêr*

Komelche — uneheliches Kind
jidd. *chomeln* — beschlafen

Auch das noch!

Scholemachei nennt mer die Sippschaft,
un **Schrozem** 's Dreckvolk un Gesocks;
wer **daguff** is, der hot soi Liebschaft,
wer **Moosche owwe** is, net krockst[1].

Scholemachei — Gesellschaft, Sippschaft
jidd. *scholom* — Friede; hebr. *schâlôm*

Schrozem — übles Gesindel, Pack, böse,
    zänkische Frau
jidd. *schraz* — Kind, Pl. *schrazim, schrazem;*
    hebr. *schärez* — Wurm, Pl. *schrazîm*

daguff — angesehen, beliebt, wohlgelitten, gesund,
    gewitzt
jidd. *takif* — mächtig, angesehen; rabbin: *thâkîph*

Moosche owwe — obenauf sein, der Angesehenste
    sein
jidd., hebr. *mosche* — Mose

---

1) klagt, stöhnt

Verlangt wer: **Doges melibokus!**
dann stellt mer sich halt **moche bas;**
schogeezich wie e Futschegooges[1],
kiß mer die **Bachim!** heescht doch das.

Doges melibokus! — Ausruf in der Bedeutung des
Götzzitates
jidd. *doges, doches* — der Hintere, Untere;
rabbin. *thâchâth*

moche bas — nur in der Redewendung: „Do han
ich mich moche bas gestellt" = Da habe ich
mich schwerhörig gestellt, ich habe die Bitte
abgelehnt; vermutlich Zusammensetzung von
„mochel" = zum Verzeihen geneigt, und „bas"
= Tochter; Anspielungen auf das Götzzitat
sind belegt, es liegt also eine abschlägige
Redensart zugrunde
jidd. *mochel* — verzeihend; hebr. *môchêl* +
jidd. *bas* — Tochter

schogeezich — närrisch, verrückt; vermutlich zu
jidd. *schekes*, Pl. *schekozim* — Knabe, Bursche

Bachim — Kleinigkeit, derbe Anweisung: „Kiß
mer die Bachim!"
jidd. *bechinem* — vergebens; hebr. *b'chinnâm;*
möglicherweise zu jidd. *pag, pagim* — Groschen

1) einer der unanständig herumfummelt

Wer kaa Verstand hot, hot kaa **Seichel**
un dodemet halt nix im **Rosch;**
behääme dumm, wär noch geschmeichelt,
wann der net ganz **monees,** der Borsch.

Seichel — Verstand; auch „Seechel" genannt
jidd. *sechel* — Verstand, Klugheit; hebr. *ßächel*

Rosch — Kopf; auch „Resch" genannt
jidd. *rosch* — Kopf; hebr. *rôsch*

behääme — „behääme dumm" = dumm wie das
    Vieh
jidd. *beheme* — Vieh; hebr. *behêmâh*

monees — gescheit, bei Sinnen;
    nur in der Redewendung: „Er is net ganz
    monees"
jidd. *mono* — er hat gezählt

Un land er im **Meschuggebajes,**
das mer aach **Koozebajes** nennt,
dann steckt er halt im **Binnesbajes,**
kooze behekelt, wie mern kennt.

Meschuggebajes — Irrenhaus;
    Zusammensetzung von
jidd. *meschugge* — verrückt +
jidd. *bajis* — Haus; hebr. *bêth, bájith*

Koozebajes — Irrenhaus;
    Zusammensetzung von
jidd. *choze* — Hälfte; hebr. *chazî* +
jidd. *bajis* siehe oben

Binnesbajes — Irrenanstalt, Gefängnis;
    Zusammensetzung von
jidd. *pinnes* — Narr +
jidd. *bajis* siehe oben

kooze behekelt — halb verrückt
jidd. *choze* siehe oben +
rotwelsch *Hekel* — Narr

    Ausspruch:
    „Er is kooze behekelt, schefft debei rum un
    werds net smugger[1]" = Er ist bekloppt, rennt
    herum und merkt es nicht

1) Herkunft unerklärt

Bauer — Viehhändler — Metzger

Was koscht die Kuh, was **schuckt** die **Bore?**
Wie **dofel** is das alde Stick?
Die Ochse ochse, weil se **Schore,**
e **Susem** muß als hufserick.

schucke — kosten, seinen Preis haben
jidd. *schok, schuk* — Markt; hebr. *schûk* — Platz,
  Straße

Bore — (alte) Kuh
jidd. *pore* — Kuh; hebr. *pârâh*

dofel — alt, altersschwach; auch „dofelich"
  genannt
jidd. *tofel* — alt; rabbin. *thâphêl*

Schor — Ochse
jidd. *schor* — Ochse; hebr. *schôr*

Susem — Pferd; auch „Sus" oder „Susemer"
  genannt
jidd. *sus* — Pferd, Pl. *susim;* hebr. *ßuß*

Beteuerung:
„Die *Schirhamalauser* sollen mich auf der
Stelle zerreißen, wenn ich mehr für die Kuh
geben kann!" Das sinnlose Wort (von
schir hamaalaus — Stufengesang, eine Bezeich-
nung der Psalmen 120 ff.) hatte anscheinend
überzeugende Wirkung

E Rinnvieh, wo die **Boger** Art is,
das hot e **Arschkatz** an em Heck;
es Fleisch vum Kalb, dem **Egel,** zart is,
das vum **Kasermche** kriet noch Speck.

Boger — Rind
jidd. *bokor* — Rind; hebr. *bâkâr*

Arschkatz — After des Rindviehs;
    zweiter Wortteil zu
jidd. *kez* — das Ende, Äußerste; hebr. *kêz*

Egel — Kalb
jidd. *egel* — Kalb; hebr. *'êgel*

Kasermche — Schweinchen, „Kasser" heißt das
    Schwein
jidd. *chaser* — Schwein; hebr. *chasir*

Boserberoiner kontrolliere,
das, was de **Katzuff** schlachde dut;
sie **roine Boser,** Herz un Niere —
e **Kafder** wär jo gar net gut!

Boserberoiner — Fleischbeschauer
jidd. *boser* — Fleisch; hebr. *bâsâr* +
jidd. *roinen, rojenen* — sehen; hebr. *râ'âh*

Katzuff — Metzger
jidd. *kazof, kazef* — Metzger; hebr. *kazzav*

roine — sehen; „Hosches geroint?" = Hast du es
   gesehen?
jidd. *roinen* siehe oben

Boser — Fleisch
jidd. *boser* siehe oben

Kafder — Geschwür; „e beesardich Kafder" ist
   nichts Gutes
jidd. *kafter* — Knopf, Knoten; hebr. *kaphthôr*

   Kinderreim:
   Alle meine Kinder,
   de Katzuff mem Zylinder,
   de Katzuff met'm Iwwerrock
   geht in de Stall un melkt de Bock.
   De Bock schmeißt de Kiwwel um,
   de Katzuff fährt im Scheißdreck rum.

110

Wanns Vieh **gemeegemd,** korz gehuuscht hot,
hatts **Buus,** un TBC is schlecht;
beim Fleisch wo **treefer,** mer gewuscht hot,
daß das net **kooscher,** rein, **geschächt.**

meegeme — husten, vom Vieh; „Mekez" = Asthma,
   Lungenkrankheit, Kolik (bei Tieren)
jidd. *mäikenen* — husten; hebr. *mêkî*

Buus — Tuberkulose beim Rind
jidd. *bus* — Tuberkulose; hebr. *bû'ôth* — Blasen

treefer — unrein, besonders vom Fleisch, im
   Gegensatz zu „kooscher"
jidd. *trefe* — unrein, nicht rituell geschlachtetes
   Tier; hebr. *t'rêphâh*

kooscher — rein (nach jüdischen Speisegesetzen),
   einwandfrei, in Ordnung, gesundheitlich
   wohlauf
jidd. *koscher* — tauglich; hebr. *kâschêr*

schächde — nach jüdischer Weise schlachten;
   von daher auch „Schächtmesser" = Schlacht-
   messer
jidd. *schächten* — rituell schlachten; hebr.
   schâcha't

Ob **Reebazine, Dambazine,**
net for die Katz is **Kachem,** Grund:
es gibt halt mehr **Boserbazine;**
Gezoomes is was for de Hund.

Reebazine — Leberwurst;
    Zusammensetzung aus
jidd. *rea, reje* — Lunge +
jidd. *bezinem* — Wurst

Dambazine — Blutwurst;
    Zusammensetzung aus
jidd. *dam* — Blut; hebr. *dâm* +
jidd. *bezinem* — Wurst

Kachem — Kartoffelmehl, von dem mancher
    Metzger wohl zuviel unter die Fleischwurst tat
jidd. *kemach* — Mehl

Boserbazine — Fleischwurst;
    Zusammensetzung aus
jidd. *boser* — Fleisch; hebr. *bâsâr* +
jidd. *bezinem* — Wurst

Gezoomes — Knochen
jidd. *azomes,* Pl. — Knochen; hebr. *äzem,*
    Pl. *'azâmoth*

113

Behääme rituell se schlachde,
kabone Kafeem mer das aach nennt;
e **Kalef** schneid jo net grad sachde,
macht mer mem **Sackem** wem e End.

Behääme — Stück Vieh, beschränkter Mensch
jidd. *beheme* — Vieh; hebr. *behêmâh*

kabone Kafeem — ohne Fehler
jidd. *kabole* — Befugnis (zum koscheren
    Schlachten) +
jidd. *chalef* — Messer; hebr. *chalâ'f* — schneiden
    im Sinne von „zum Schächten rituell ohne
    Fehler"

Kalef — Messer, Schächtmesser
jidd. *chalef* siehe oben

Sackem — Messer
jidd. *sakin* — Messer; hebr. *ßakkîn*

114

Alltägliches

Wer **Roof** hot, der dut Kohldamp schiewe;
wer frißt, der kriet e **Schummebauch,**
e **Neewisch,** wo net noh Beliewe
wie e **Nefires** fort als Hauch.

Roof — Hunger
jidd. *roof* — Hunger; hebr. *ra'âb*

Schummebauch — Speckbauch; „schumme" = fett,
  „loschumme" = mager
jidd. *schomen* — fett; hebr. *schômên*

Neewisch — Bauch
jidd. *nefesch* — Leib; hebr. *näphesch* —
  Seele, Leben

Nefires — Blähung, Furz
jidd. *neficho, nefiche* — Geräusch, Wind, Furz;
  hebr. *nâphach* — blasen

  Redensart:
  Mehr Roof wie Schlof" =
  Mehr Hunger als Schlaf

E Hinkel leet am Daach soi **Betzje**,
aach wanns mem Gockel **broches** is;
for nix, **laulone**, is soi Spätzje,
de **Soneff** awwer net, gewiß.

Betzje — Ei
jidd. *bejze, beze* — Ei; hebr. *bêzâh*

broches — verfeindet, gekränkt, zornig; man
 ist „broches" = verfeindet miteinander
jidd. *b(e)roges* — zornig; hebr. *rôges* — Zorn

laulone — für nichts, umsonst
jidd. *lo lone* — nicht für uns; hebr. *lô lânû*
 (Anfang Psalm 115)

Soneff — Schwanz, männliches Glied; auch
 „Saaneff" oder „Saanuff" genannt
jidd. *sonef* — Schwanz; hebr. *sânâb*

Was mer so brauch im Haus is **Schlorem,**
de **Moschuff** is so gut wie Dreck;
noch dreckicher is manchmol **Schkorem,**
aach **Ujem** loß mer bloß eweg!

Schlorem − Habseligkeiten, Hausrat, Kaffee u. a.
jidd. *schlorem* − gering

Moschuff − Kot, Schmutz, Durcheinander, Schund,
   Abfall beim Schlachten u. a.
jidd. *Moschef* − Mist, dies wohl zu hebr.
   môschâb − Sitz (hier im Sinn von „Abtritt")

Schkorem − Lüge, Unwahrheit, Jux, Unfug
jidd. *schkorim,* Pl. von *scheker* − Lüge;
   hebr. *schäker*

Ujem − Aufwand, Durcheinander, Ungemach;
   wohl aus dem Hebräischen; weitere Herkunft
   möglicherweise zu
jidd. *ha-jom* − der Tag, im Sinne von Alltag,
   Alltagstrott

Das, was for die Nadur de **Majem**,
brauch de **Kaffriem** in jeder Laach,
so wie e Winzer halt soi **Jajem**,
sunscht macht er sich schnell **fiwerach.**

Majem — Wasser
jidd., hebr. *majim* — Wasser

Kaffriem — Bauer, sonderbarer Mensch;
    auch „Kafrienem" genannt
jidd. *kaferim,* Pl. zu *kafer* — Bauer
    rabbin. *kaphrî*

Jajem — Wein
jidd. *jajin* — Wein; hebr. *ja'jin*

fiwerach — fort, weg
hebr. *wa-jîw'rach* — und er entfloh (Moses I 31, 21,
    Hosea 12, 13)

Aus der Zeit, als man saurem Wein noch
mittels der sogenannten Naßverbesserung
Wasser beimischen durfte: „Ich maan, du
hesch so veel Majem unnerm Jajem" = Ich
meine, du hättest zu viel Wasser unter
dem Wein.

Wer Kaade kloppt, de dut **klamore,**
wer **Keeschik** hot, dem scheint die Sunn;
im Alder kumme die **Kassore,**
do werd mer **kole,** krank, devun.

klamore — Karten spielen; das Kartenspiel heißt
   im Volksmund auch „es Gesangbuch met de 32
   Blädder", was die Herleitung vom Talmud
   erklärlich macht
jidd. *gemore* — Talmud; rabbin. *gemârâh*

Keeschik — Lust, Vergnügen, Verlangen
jidd. *cheischik, cheschek* — Lust; hebr. *chêschek*

Kassore Pl. — Krankheiten, Leiden, Gebrechen,
   Mängel, Unheil
jidd. *chissoren* — Mangel, Gebrechen; hebr.
   châsêr — fehlen

kole — krank
jidd. *chole* — krank; hebr. *chôl*

   Sprichwort:
   „Kumme die Johre,
   kumme die Kassore" =
   Kommen die Jahre,
   kommen die Krankheiten

Dogesmagajer die han frieher
als **Lugges** ganz schee druffgekloppt;
e **Kodem** hots vun so Erzieher,
konnts was net **lajeme,** gezoppt.

Dogesmagajer — prügelnder Lehrer, Gesäß-
  klopfer, Arschplätscher;
  Zusammensetzung aus
jidd. *doges, doches* — der Hintere, Untere;
  rabbin. *thâchâth* +
jidd. *makeinen, mekaijnen* — verprügeln;
  Ableitung zu „Macke, Mackes" von hebr.
  makka — Hiebe, Schaden

Lugges — Lehrer
jidd. *luch, luach,* Pl. *luches* — Tafel, Tabelle,
  Kalender; hebr. *lûach, lûchôth*

Kodem — Kind, kleiner Kerl
jidd. *koten* — klein, jung, Kind

lajeme — lesen
jidd. *leienen* — lesen; dies aus lateinisch
  legere

121

Was gibts als uff de Gass **Gediwwer**
und **Scheekerschmus,** ihr liewe Leit!
Was die **bedibbele,** moi Liewer,
das is doch **Schmonzes,** meine Zeit!

Gediwwer — Geplauder, Geschwätz u. a.
jidd. *dibbern* — redend; hebr. *dibbêr,*
    dâbar — reden

Scheekerschmus — Unsinn;
    Zusammensetzung von
jidd. *scheker* — Lüge; hebr. *schäker* +
jidd. *schmus* — Gerede, Gerücht; hebr.
    sch'mû'ôt' — Gehörtes

bedibbele — bereden, schwatzen; auch „diwwere"
    oder „bedibbere" genannt.
jidd. *dibbern* siehe oben

Schmonzes — Unsinn;
    wohl eine Nebenform zu „Schmus"
jidd. *schmus* siehe oben

122

Jetzt mach dich net **machanne**! seet mer,
un redd net so e **Kidchufschmus**!
Was soll der **Schmusgalomes**? freet mer,
so **Loschmus** ohne Hand und Fuß.

machanne − nur in der Redewendung: „Mach dich
  net machanne!" = Misch dich nicht in
  anderer Leute Angelegenheiten!
jidd. *mehanne sein* − genießen lassen

Kidschufschmus − dummes Gerede;
  Zusammensetzung aus
jidd. *kischef, kischuf* - Zauberei +
jidd. *schmus* − Gerede, Gerücht; hebr.
  sch'mû'ôth' − Gehörtes

Schmusgalomes − unsinniges Gerede, dummes
  Zeug;
  Zusammensetzung aus
jidd. *schmus* siehe oben +
jidd. *cholom* − Traum, Pl. *chalomes;* hebr. *châlôm,*
  Pl. *chalômôth*

Loschmus − dummes sinnloses Gerede;
  Zusammensetzung aus
jidd. *lo, lau* − nicht, nichts; hebr. *lo* +
jidd. *schmus* siehe oben

Die **Kippe** dut dodriwwer wache,
daß es aach ohne **Schofert** geht;
dut jemand nix wie **Meschges** mache,
werd em de **Dalmud** ausgeleet.

Kippe — Gemeinschaft, gemeinschaftliche Sache;
in meinem Dorf gab es bis in die sechziger
Jahre eine solche „Kippe", die durch öffent-
lichen Aushang Mißstände anprangerte
jidd. *kuppe* — Almosenbüchse, Kasse; wohl
zurückgehend auf lateinisch *cuppa;*
Herkunft möglicherweise auch von
jidd. *kübbo* — Kammer, Zelt

Schofert — Richter, Bürgermeister
jidd. *schofet* — Richter; hebr. *schôphêt*

Meschges Pl. — Dummheiten, dummes Zeug
jidd. *mischge* — Irrtum

Dalmud — der Talmud ist eine Sammlung
jüdischer Glaubenslehren
jidd. *talmud* — Talmud

Redensart:
„Du brauchscht meer de Dalmud net
aussele'e!" = ich brauche deine
Belehrungen nicht!

Zusammen leben

Dut dir de **Schmul** die Zeit wo biede[1],
seet er statt „Gude!", **„doffe Jamm!"**,
er winscht aach jedem **„Scholem"**, Friede
un macht, wie's **Kaimche,** nie Tamtam.

Schmul — Samuel, auch Jude allgemein
jidd. *schmul* - Samuel; hebr. *sch'mû'êl*

doffe Jamm — guten Tag!
jidd. *tof* — gut; hebr. *tôb* +
jidd. *jom* — Tag; hebr. *jôm*

Scholem — Friede, Friedensgruß
jidd. *scholom* — Friede; hebr. *schâlôm*

Kaimche — Jude, kleiner oder durchtriebener
   Mensch
jidd. *chaim, chajim* — die Lebenden, die Juden;
   hebr. *chajjim*

Neckreime:
De Itzik un de Schmul,
die danze uffem Stuhl,
de Stuhl, der war so klaa,
do danzt de Schmul allaa.

De Itzik un de Schmul,
die ginge in die Schul.
De Itzik stellt sich uff die Bank —
scheißt em Lehrer in die Ank[2].

1) grüßen   2) Genick

125

So hälts de **Schlome** un es **Leebche**
wie aach de **Baisreel** un, ner klar,
de **Räwwe** met em **Rewweskäppche**
un de **Rawwiner** un soi Schar.

Schlome — Salomon, auch Jude allgemein, dann
    auch abschätzige Bezeichnung
jidd. *schlome* — Salomo; hebr. *sch'lômô*

Leebche — Levi, dann auch: Jude allgemein,
    Händler, Wandermusikant
jidd., hebr. *lev* — Levi

Baisreel — Jude; auch „Baisrul" oder „Baisrol"
    genannt
jidd. *bar jisroel* - Sohn Israels; hebr. *bar jisrâ'êl*

Räwwe — Rabbiner; davon abgeleitet „räwwere"
    oder „räwwele" = beten, judendeutsch reden
jidd. *rabbi, rebbe, rab* — Rabbiner

Rewweskäppche — randloses Käppchen, wie es
    von Juden getragen wird
jidd. *rebbach, rewach* — Gewinn, Nutzen

Rawwiner — Rabbiner; davon abgeleitet
    „rawwinere" = beten, judendeutsch reden usw.
jidd. *rabbi* usw., siehe oben

    Redewendung:
    „Arm wie's Leebche" = sehr arm

Vun em **Galoochem** gibts e Riffel,
heert mer em **Gallach** net uffs Wort,
geht in die Kerch, das is die **Diffel,**
do, wo gebet, das heescht **geort.**

Galoochem — (katholischer) Pfarrer
jidd. *gallach* — Geschorener, Tonsurierter,
    Pl. *galochem;* rabbin. *galâch*

Gallach — Pfarrer; auch „Gallasch" genannt
jidd. *gallach* siehe oben

Diffel — Kirche; davon abgeleitet „diffele" =
    beten
jidd. *tefile* — Gebet; hebr. *th'phîlâh*

ore — in der Synagoge beten, im Singsang reden,
    lallen, schwatzen, tuscheln u. a.
jidd. *oren* — beten, zu lateinisch *orare*

Katholische, **Dofelemone,**
brismile, wann se Kinndaaf han,
genau wie die **Kadeschemone;**
e **Bemscher** leiert, was er kann.

Dofelemone – Katholik; auch „Daufelemone" oder
„Dofelmane" genannt; abgeleitet davon
„dofelemanisch" = katholisch
jidd. *tofel emune* – alter Glaube; erster Teil
zu jidd. *tofel* – alt; rabbin. *thâphêl;*
zweiter Teil zu hebr. *emûnâh* – *Glaube*

brismile – taufen; eine „Brismile" ist eine
jüdische Beschneidung
jidd. *bris mile* – Bund der Beschneidung;
hebr. *b'rith mîlâh*

Kadeschemone – Protestant; abgeleitet davon
„kademanisch" = evangelisch
jidd. *kaddesch emune* – neuer Glaube; erster
Teil zu jidd. *chidisch* – neu; zweiter
Teil zu hebr. *emûnâh* – Glaube

Bemscher – einer der Gebete herunterleiert
jidd. *benschen* – segnen; dies aus lateinisch
benedicere

128

Gocks heescht de Hut for heit un morje,
e **Schawwesdeckel,** der is foi;
am **Schawwes** hilft die **Schawwesgoije,**
wann die net kann, de **Schawwesgoi.**

Gocks — steifer Hut; Herkunft unsicher, (nach
   WOLF und DUDEN Fremdwörterbuch) aus
jidd. *gag* — Dach

Schawwesdeckel — der „sonntagse" Hut
jidd. *schabbes* — Sabbat; hebr. *schabbâth*

Schawwes — Sabbat
jidd. *schabbes* siehe oben

Schawwesgoije — Dienstmagd, die am „Schabbes"
   = Sabbat Arbeiten verrichtet, welche Juden
   nicht erlaubt sind — sie kam sogar extra,
   um eine Kerze anzuzünden. Die früher hier
   wohnenden Juden haben am Sabbat auch kein
   Geld angefaßt — wer welches zu bekommen
   hatte, wurde aufgefordert, es sich selbst
   aus dem Schrank, oder wo es sonst aufbe-
   wahrt wurde, zu nehmen.
jidd. *schabbes* siehe oben +
jidd. *goj* — Nichtjude; hebr. *goi* — das nicht-
   jüdische Volk

Schawwesgoi — Diener; siehe oben bei „-goije"

Schockelemajem, das is Kaffee,
de **Datscher,** Kuche un Gebäck,
es **Leechem,** Brot, genau wie **Matze,**
es **Berches** is met Mohn e Weck.

Schockelemajem — Kaffee;
  Zusammensetzung aus
jidd. *schocher* — schwarz; hebr. *schâchôr* +
jidd., hebr. *majim* — Wasser

Datscher — Kartoffelpfannkuchen, fladenartiges
  Gebäck, gezopfte Mohnbrote der Juden u. ä.
jidd. *tatscher;* bisweilen an eine hebräische
  Etymologie angeschlossen: nach Sprüche
  10, 22 „Der Segen Gottes macht reich
  (ta'aschìr) “ = Brot als Sinnbild des
  Gottessegens (TAWROGI, WEINBERG) oder
  zu hebr. *darasch* = (die Schrift) auslegen

Leechem — Brot; auch „Laachem“ genannt
jidd., hebr. *lechem* — Brot

Matze — ungesäuertes Osterbrot (der Juden),
  Backwerk
jidd. *mazze* — ungesäuertes Osterbrot; hebr.
  mazza, Pl. *mazzot*

Berches — jüdisches Mohnbrötchen (Segensbrot
  zum Sabbat)
jidd. *berches* — Sabbatweißbrot; hebr.
  bêrâcha — Segnung

Das war es Jiddisch in Gedichtcher
uff Platt — wo groß geschrebb! — serwiert;
e Sprachgeschicht voll met Geschichtcher,
un, weils so schee is, illuschtriert.

Hisdorisch is der Schatz se nenne
met all de Ausdrick, wo's mol gebb:
met dene, wo mer nemmeh kenne
un dene, wo bis heit uns blebb.

Die Zahlen

		jidd.	hebr.
olef	eins	*ollef*	*âleph*
bess	zwei	*bejs*	*bêth*
gimmel	drei	*gimel*	*gimel*
dollet	vier	*dolet*	*dâleth*
hei	fünf	*hej*	*hê*
woff	sechs	*wow*	*wâw*
soin	sieben	*soin*	*sâjin*
jiss/aches	acht	*jiss, chess*	*cheth*
dess	neun	*tess*	*têth*
juss	zehn	*juss, jud*	*jôd*
kaff	zwanzig	*kaff*	*kâf*
lames	dreißig	*lamed*	*lâmed*
mem	vierzig	*mem*	*mêm*
nunn	fünfzig	*nunn*	*nun*
samich	sechzig	*samech*	*samech*
schiffem	siebzig	*schiffem*	*schiv'im*
schwanem	achtzig	*schmanem*	*sch'mônîm*
dischem	neunzig	*dischem*	*tisch'im*
meej	hundert	*mej*	*mê'a*
ellef	tausend	*elef*	*'äläf*

Register

134

135

136

Schriftliche Quellen

Buss/Westermann So redd mer in Zelemochum, 2. Auflage, Bad Kreuznach 1979

Kluge, Friedrich Etymologisches Wörterbuch der deutschen Sprache, 22. Auflage, Berlin/New York 1989

Koch, Hans-Jörg Wenn Schambes schennt, Rheinhessisch-Mainzer Schimpf-Lexikon, 6. Auflage, Alzey 1985

Landmann, Salcia Jiddisch, Das Abenteuer einer Sprache, 9.-11. Tausend, Frankfurt/M; Berlin 1988

Pfälzisches Wörterbuch Bearbeitet von Rudolf Post, Wiesbaden/Stuttgart 1965 ff.

Post, Rudolf Jüdisches Sprachgut in den pfälzischen und südhessischen Mundarten; Beitrag in *Kuby* Pfälzisches Judentum gestern und heute, Neustadt/Weinstraße 1992

Post, Rudolf Pfälzisch — Einführung in eine Sprachlandschaft, Landau 1990

Schäfer, Richard Lotegorisch im Leininger Land, Selbstverlag 1990

Schramm, Karl Mainzer Wörterbuch, bearbeitet von Manfred von Roesgen, 5. Auflage, Mainz 1992

Spang, Franz Joseph Hebräische Ausdrücke in unserer heimischen Umgangssprache, Mittelrheinische Heimatblätter 1929

Südhessisches Wörterbuch Bearbeitet von Rudolf und Roland Mulch, Marburg 1965 ff.

Thielen, Rainer So babbelt mer bei uns an Glan und Nahe, Meisenheim 1984

Wasserzieher, Ernst Woher?, 18. Auflage, Bonn 1974

Weinberg, Werner Die Reste des Jüdischdeutschen, 2. Auflage Stuttgart 1973

Wolf, Siegmund A. Wörterbuch des Rotwelschen, 2. Auflage, Hamburg 1985

Autor

Wilfried Hilgert,
geboren 1941 in Horrweiler/Rheinhessen,
wohnhaft daselbst. Beruflich wie privat
dem Wein verbunden.

Schreibt Gedichte in Mundart und Hochdeutsch.
Beschäftigt sich mit „Ausgrabungen".
Schürft, unerklärlich scheinende „Ausdrick"
an der Wurzel zu packen.

Illustratur

Ehrhard Hütz,
geboren 1949 in Worms. Bis 1990 Gymnasiallehrer.
Mitglied im Bundesverband Bildender Künstler,
Sektion Rheinland-Pfalz. Ab 1990 freischaffend.

Betreibt „Rheinhessische Heimatkunde mit dem
Zeichenstift" (thematische Jahreskalender und
Mappen), begonnen mit „Rhoihessische Wingerts-
haisjer". Ist zu Hause in Alzey-Heimersheim.

. . . ich denke, daß dieses Büchlein einen guten
Kompromiß zwischen unterhaltsamer Lektüre
und fundierter Information darstellt. Zu den
Vierzeilern kann ich Ihnen nur gratulieren,
sie führen gekonnt und treffend in das Thema ein.

Dr. Rudolf Post
Pfälzisches Wörterbuch

Hannelore
und
Wilfried
Hilgert

Plastiken
und
Gedanken

Allgemeine Zeitung Mainz, Rhein Main Presse
Unverkennbar von weiblichen Händen meisterlich geformt.
Für viele, die mehr als nur ein tausendfältig austauschbares Geschenk suchen, ein Geschenktip.

2. Auflage 1991
94 Seiten · ISBN 3-9803150-1-0   18,- DM
Hilgert Verlag, 55457 Horrweiler

Allgemeine Zeitung Mainz,
Rhein Main Presse
Eine süffige Poesieprobe des dichtenden Winzers, garniert mit Lebensweisheiten und Didaktischem. Eine Meisterleistung das Gedicht „Doll Hinkel", wo nicht weniger als 162 Tierausdrücke unserer Sprache, vom Ackergaul bis zur Zimtzicke, vereint sind. Wir wünschen dem Buch die Verbreitung, die es rechtschaffen verdient, bezeugen gern, daß es sich nicht nur um echte, sondern sogar um edle Kreszensen handelt und nirgends gepanscht wurde.

2. Auflage 1991
Illustrationen von Johannes-Maria Rohr
112 Seiten · ISBN 3-9803150-0-2   15,- DM
Hilgert Verlag, 55457 Horrweiler

7. Auflage
ISBN 3-9803150-2-9   15,90 DM
2. Auflage „Nachschlag"
ISBN 3-9803150-3-7   12,00 DM
1994 8., völlig neu bearbeitete
und ergänzte Gesamtauflage
ISBN 3-9803150-5-3   19,80 DM
Hilgert Verlag, 55457 Horrweiler

Die Presse urteilt über „Wuleewu Kardoffelsupp"

IHK Rheinhessen Ein Lexikon und doch viel mehr, ein Stück Sprachgeschichte. Es sollte eigentlich Pflichtlektüre sein für alle Rheinhessen.

Süddeutscher Rundfunk Ein hinreißendes Kompendium.

Frankfurter Neue Presse Der Wein muß höchst anregend auf ihn eingewirkt haben, denn der Autor erweist sich als geübter Reimer ...informative Unterhaltung.

Die Rheinpfalz, Ludwigshafen Liebenswertes Lexikon.

Rhein-Zeitung, Koblenz Geschichte zum Anfassen.

Hanauer Anzeiger Wichtige Ergänzung zum Hanauer Wörterbuch.

Wiesbadener Kurier Heiterer Sprachführer – ein echtes Pläsir.

Badische Neueste Nachrichten In lockerer Manier Einfluß der Sprache unseres Nachbarn auf die Mundart dargestellt.

Saarbrücker Zeitung Zeigt auf unterhaltsame Weise Einfluß des Französischen auf die Dialekte des Grenzraumes.

Alzeyer Woche Schatz, dem sprachwissenschaftliche Anerkennung gebührt.

Bad Kreuznacher Heimatblätter Die karikaturistischen Zeichnungen sind sehr aussagekräftig.

Allgemeine Zeitung Mainz, Rhein Main Presse Eine köstlichunterhaltsame Mixtur von Wurzeln und literarischen Wucherungen des verdeutschten Französisch im Sprachgut der Menschen, das sich wie Treibholz auf den Alltagswellen bewegt.

142